Anant Agarwala

Das Integrations-
experiment

© Stephanie Füssenich

Anant Agarwala, Jahrgang 1986, hat Kommunikationswissenschaft und Germanistik in Hamburg und Münster studiert und die Deutsche Journalistenschule in München besucht. Er ist Redakteur der ZEIT und wurde für seine Berichterstattung 2016 mit dem Goethe-Medienpreis für wissenschaftspolitischen Journalismus und 2017 mit dem Telekompreis für Bildungsjournalismus ausgezeichnet; 2019 war er für den Reporterpreis nominiert. Für die ZEIT schreibt er vor allem über Bildung und Gesellschaftspolitik.

Anant Agarwala

Das Integrations-experiment

Flüchtlinge an der Schule –
eine Bilanz nach fünf Jahren

Dudenverlag
Berlin

INHALT

1 Fünf Jahre danach
Wieso eine Bilanz wichtig ist 6

2 Analphabeten oder Ärzte?
Der Streit um die Vorbildung der Flüchtlinge 12

3 Die Vogelperspektive
Wichtige Zahlen und die Grenzen der Erkenntnis 22

4 Die ungleichen Zwillinge
Ein guter Start kann vieles ändern 28

5 Brennpunktschule auf, Flüchtlinge rein?
Die Frage der Verteilung 36

6 Aus Erfahrungen wenig gelernt
Erst Gastarbeiterkinder, nun Flüchtlinge 47

7 Der Wechsel in die Regelklasse
Wie macht man es richtig? 54

8 Bei den Kleinen läufts von selbst. Oder?
Flüchtlinge in der Grundschule 70

9 Die Sorgen deutscher Eltern
Die Debatte über Leistungsniveau und Islam 84

10 Welche Abschlüsse sind realistisch?
Die ersten verfügbaren Zahlen 99

11 Die Älteren – wirklich »chancenlos«?
Berufsschulen und der Ausbildungsmarkt 105

12 Können Deutschlands Schulen Integration?
Was gut läuft. Und was sich ändern muss 116

Epilog
Die Schule und das Virus 125

1 FÜNF JAHRE DANACH

Wieso eine Bilanz wichtig ist

Einige Monate bevor an einem Septemberwochenende im Jahr 2015 Tausende Flüchtlinge am Münchner Hauptbahnhof mit Applaus und Bonbons empfangen wurden, lief ich als Reporter über die Bahnsteige. Schon damals, im November 2014, saßen täglich Migranten in den Zügen aus Italien. Ich wollte schauen, wie das ist: ankommen in Deutschland. Manchmal wartete die Polizei auf sie, nahm Personalien auf und schickte sie mit ein paar Zetteln, die sie nicht lesen konnten, zu einem Shuttle-Bus, der nicht kam. Manchmal wartete niemand. Dann verschwanden sie auf einer der vielen Rolltreppen in der Ungewissheit. Die wenigsten waren älter als Anfang 20.

Ein paar Wochen später, es war der Montag nach dem 2. Advent, stand ich in einer Menschenmenge in der Dresdner Innenstadt. Von einem Bühnenwagen hallten Parolen gegen »angeblich traumatisierte Flüchtlinge«, »Asylmissbrauch« und »Islamisierung« in die Nacht. »Wir sind das Volk!«, skandierte die Menge. Es waren die ersten Wochen von Pegida.

Da braute sich etwas zusammen. Dabei hatte 2015, das Jahr, das viele als Zäsur begreifen, noch nicht einmal begonnen.

Im August 2015 nahmen mich Ärzte mit in ein Flüchtlingslager. Das Camp befand sich am Stadtrand von Dresden, erinnerte mich aber an Nachrichtenbilder aus dem Libanon, wo damals Hunderttausende syrischer Bürgerkriegsflüchtlinge ausharrten. In der Zeltstadt in Sachsen gab es zu wenig Toiletten und Desinfektionsmittel, auch fließend Wasser und Essen waren knapp; die Krätze hätte sich ausgebreitet, erzählten die Ärzte. Zwischen den Zelten jagten Kinder einen Fußball durch den Staub.

Immer wieder besuchte ich in den kommenden Monaten auch Schulen. Als Reporter, vor allem aber als Vormund für einen Afghanen, der als unbegleiteter minderjähriger Flüchtling nach Hamburg gekommen war. Das Engagement in den Schulen war groß, genauso aber der Frust. Bei den Lehrerinnen und Lehrern und bei denen, die in den Klassen saßen und nicht viel verstanden. Akkusativ? Bruchrechnung? Man experimentierte so vor sich hin, an jeder Schule ein bisschen anders. Wo es enden würde, wusste niemand.

Ich erlebte einen erstaunlich passiven Staat. Wenn man es wohlwollend sieht, könnte man sagen, er setzte viel Vertrauen in jeden Einzelnen. Sieht man es weniger wohlwollend, müsste man sagen: er ließ seine Einwohner[1], die alten und die neuen, in einer Ausnahmesituation allein.

Es schien damals so, als würde ein einzelnes Wort genügen, um die deutsche Gegenwart zu beschreiben: Flüchtlingskrise. Der Begriff ist umstritten, weil er nahezulegen scheint, die Flüchtlinge wären für die Krise verantwortlich. Und nicht Bürgerkrieg oder Taliban, Bundesregierung oder Behörden. Ich verwende ihn, weil es keine präzisere Alternative gibt und er sich im allgemeinen Sprachgebrauch durchgesetzt hat. Es war ja auch eine Krise: zunächst einmal für die geflüchteten Menschen selbst, aber auch für viele aufnehmende Kommunen, für Behörden oder eben Schulen. Und über diese Krise zerstritten sich Familien, Volksparteien – und Lehrerzimmer.

Beschränkte sich der Kontakt zu Flüchtlingen für die meisten Deutschen, wenn überhaupt, zunächst auf Bahnhofshallen

---

1 Wenn es nicht um konkrete Personen geht, benutze ich mal die weibliche und mal die männliche Form. Das andere Geschlecht ist jeweils mitgemeint.

oder Discounterkassen, wurden die Schulen zu Orten echter Begegnung, man könnte auch sagen: Konfrontation. Über kaum etwas im Land brach die neue Wirklichkeit so unmittelbar herein wie über Grund-, Sekundar- und Berufsschulen. Während es zum Teil Jahre dauert, bis erwachsene Zuwanderer in Deutschland Arbeit finden, gilt die Schulpflicht relativ schnell, egal, wie es ums Asylverfahren steht. Hunderttausende Kinder und Jugendliche, die in Kabul, Homs oder Mossul aufgebrochen waren, mussten plötzlich unterrichtet werden. Für die jungen Flüchtlinge, von denen viele eines Tages mal Deutsche sein werden, hier leben und arbeiten wollen, wurden die Schulen zu Fenstern in ihre neue Heimat. In Sprache, Regeln, Eigenarten.

Jede Schule eröffnete ihr eigenes Integrationslabor

Nicht lange nach dem »Wir schaffen das!« von Kanzlerin Angela Merkel hatte auch der letzte entfernt involvierte Politiker die Phrase von »Bildung als Schlüssel zur Integration« zum Besten gegeben. Von konkreten Ideen, wie genau das gelingen solle, hörte man dann allerdings wenig. Nur so viel schien klar: Ob Deutschland und die Flüchtlinge »das« schafften, würde davon abhängen, ob die Schulen das schafften. Bloß waren diese auf die immense Aufgabe, die sie erwartete, überhaupt nicht vorbereitet. Verfügbare Lehrkräfte, die wussten, wie man Ausländern Deutsch beibringt, gab es schlicht nicht. Erprobte Konzepte, wie man so viele »sprachlose« Schüler möglichst schnell und reibungslos in bestehende Klassenverbände integrieren könnte, lagen weder in Lehrerzimmern noch Behörden bereit. Und weil in Bildungsfragen der Bund nichts zu sagen hat, machten die 16 Länder ihr eigenes Ding. Für wissenschaftliche Empirie blieb dabei keine Zeit, die neuen Schüler standen ja schon im Sekretariat. Also wurde improvisiert. Von Flensburg bis Freiburg entstanden: Integrationslabore. Über die Versuchsanordnung im Klassenzimmer entschieden die Schulleitungen vor Ort. Je nachdem, welche Lehrer sich bereit erklärten, welche Räume gerade frei waren – und wer ihre Probanden.

Die Neuankömmlinge sprachen alle kein Deutsch, aber damit endeten oft schon die Gemeinsamkeiten. Manche hatten nie eine Schule besucht und konnten selbst in ihrer Landessprache weder lesen noch schreiben. Die nächsten kamen mit guten Zeugnissen und träumten davon, bald Zahnmedizin oder Maschinenbau zu studieren. Einige von ihnen hatten Unvorstellbares erlebt, verkrochen sich unter ihrem Tisch, wenn es zur Pause läutete. Nun saßen sie nebeneinander in einer Klasse: 20 Schüler, zehn Nationalitäten, die eine noch ein Kind, der nächste schon fast erwachsen. Vor ihnen standen Lehrerinnen und Lehrer, die oft so motiviert wie überfordert waren. Sie hielten bunte Bilder hoch und schrieben Wörter an die Tafel: Haus, Küche, Abendbrot.

Und so wusste manch eine Pädagogin schon früher als Bundestagsabgeordnete oder Bildungsforscher, welche Potenziale und Probleme mit den vielen neuen Mitmenschen tatsächlich Deutschland erreicht hatten. Die entscheidenden Fragen konnten aber auch sie zunächst nicht beantworten: *Auf welche Schulen gehören sie? Wie schnell lernen sie Deutsch? Werden sie jemals einen Abschluss schaffen?*

Dass man über die neuen Schüler wenig wusste, änderte freilich nichts daran, dass man viel zu wissen meinte. Je nach politischer Couleur projizierte die deutsche Öffentlichkeit das Ende des Abendlandes oder das Ende des Fachkräftemangels in die Flüchtlinge. Ein Heer aus Analphabeten, das erst die Schulen und später die Sozialkassen kollabieren lässt, unkte es von rechts. Bildungshungrige, die das darbende Handwerk und die medizinische Versorgung in der Provinz wiederbeleben, frohlockte es von links. Auf belastbaren Tatsachen bauten diese Zuschreibungen nicht auf. Halbwissen und Ideologie vermischten sich zu einem thesenstarken und faktenarmen Bodensatz für Talkshowstreits und Leitartikel.

Fünf Jahre sind seit den Wirren des Flüchtlingssommers vergangen. Fünf Jahre, in denen viel über kriminelle Migranten und Anschläge auf Flüchtlingsheime, Abschiebezahlen und den Aufstieg der AfD diskutiert wurde. Und erstaunlich wenig über den Integrationsalltag in den Schulen. Auf ihn möchte ich mich konzentrieren.

Recht auf Bildung? Recht auf *gute* Bildung!

Die UN-Kinderrechtskonvention garantiert das Recht auf Bildung. Ich bin der Überzeugung, dass dies nur der Minimalkonsens sein darf in einer Demokratie wie Deutschland, deren Wohlstand und Liberalität von gut ausgebildeten und mündigen Bürgerinnen und Bürgern abhängt – und somit von seinen Schulen. Der Anspruch muss lauten: Alle Kinder haben ein Recht auf *gute* Bildung. Also nicht bloß darauf, verwahrt oder durchgeschleppt, sondern gefördert zu werden. Und zwar auch die, die neu dazukommen, aber nicht zulasten derjenigen, die schon da sind. Keine einfache Aufgabe. Wie die Schulen sie bewältigen, das ist die Leitfrage dieses Buches.

Haben sich die sogenannten Willkommensklassen bewährt oder wurden sie zu Aufbewahrungsstätten ohne Ausgang? Wie funktioniert der Übergang in die Regelklassen? Woran sind Schüler und Lehrer verzweifelt? Hat das Niveau unter den Neuen gelitten? Gibt es so etwas wie einen Goldstandard der (schulischen) Integration? Wie klappt der Übergang aus der Schule in die Ausbildung? Und was lernen wir daraus, für Deutschland als Bildungs- und Einwanderungsnation?

Nicht auf alle Fragen gibt es wissenschaftlich valide, quantifizierbare Antworten. Allerdings haben Bildungsforscher, Bundesämter und Ministerien in den vergangenen Jahren einige Studien, Befragungen und Statistiken veröffentlicht. Die gesammelten Erkenntnisse bilden das Fundament der einzelnen Kapitel. Doch so sehr Zahlen und Tabellen die Welt verständlicher machen: die Vielfalt der Erfahrungen, die in diesem gesellschaftlichen Großexperiment gemacht wurden und werden, bilden sie nicht ab. Also gucken wir in Integrationslabore, wo in fünf Jahren aus Chaos hier Routine wurde und dort Resignation. Ich habe während meiner Recherche Interviews mit über 70 aktuellen und ehemaligen Schulleiterinnen und Lehrern, Ministerialbeamten und Wissenschaftlerinnen und nicht zuletzt Schülerinnen und Schülern geführt. Nicht all ihre Geschichten und Erfahrungen haben Eingang in das Buch gefunden, aber einige von ihnen begleiten uns durch die Kapitel auf der Suche nach der guten Schule von morgen.

Denn der Blick zurück weist nach vorn. Während der Recherche für dieses Buch vertrieben Bomben Hunderttausende aus Idlib, holte die Bundesregierung Kinder aus den apokalyptischen Lagern in der Ägäis nach Deutschland, ließ der türkische Präsident Recep Tayyip Erdoğan Flüchtlinge als Druckmittel an die Grenzzäune Europas karren. Selbst jene, die von einer migrationsfreien Welt träumen, müssen erkennen: die Wirklichkeit schert sich darum nicht. Besser also wäre es, wenn man in den Integrationslaboren wüsste, was funktioniert. Und nicht einfach weiterexperimentierte.

Schauen wir mal nach.

2 ANALPHABETEN ODER ÄRZTE?

Der Streit um die Vorbildung der Flüchtlinge

Sagen wir, eine Familie zieht von Hamburg-Barmbek nach Hamburg-Altona. Weil das zu weit ist, um jeden Morgen zur alten Schule zu fahren, wechselt Alex nach den Herbstferien auf eine neue Schule in der Nachbarschaft. Ihre Klassenkameraden in der Siebten sind ganz nett, von ein paar dummen Sprüchen abgesehen. Über das Schulorchester knüpft sie erste Freundschaften. Die Lehrer? Na ja, Lehrer halt. Immerhin kommen in den meisten Fächern ähnliche Sachen dran. Endotherme und exotherme Reaktionen in Chemie, Erörterungen von Kurzgeschichten in Deutsch usw. Wenn sie etwas nicht versteht, fragt Alex ihre Sitznachbarn und holt den Stoff zu Hause an ihrem Schreibtisch nach. Trotzdem laufen die ersten Klassenarbeiten schlechter als gewohnt; bis zu den Halbjahreszeugnissen schafft sie es nicht zurück auf den alten Schnitt. Noch monatelang klagt sie ihren Eltern beim Abendbrot: Ich will wieder zurück auf meine alte Schule! Ich vermisse meine Freunde!

Ein ganz gewöhnlicher Schulwechsel, wie er jedes Jahr tausendfach vorkommt in Deutschland. Keine fremde Sprache. Keine fremden Fächer. Keine fremde Kultur. Und doch: hart für ein Kind.

Das sollte man im Hinterkopf behalten, wenn man über die ersten Schritte von Flüchtlingen in der Schule nachdenkt, ihre Erfolge und Misserfolge bilanziert. Gerade das Offensichtliche gerät ja gern mal aus dem Blick: Dass nichts, was die meisten von uns über einen Schulalltag mit Höhen und Tiefen wissen, irgendetwas mit den Höhen und Tiefen des Schulalltags der

Flüchtlinge zu tun hat. Von Barmbek nach Altona ist nicht von Aleppo nach Bonn.

Was banal klingt, ist nicht belanglos. Denn es berührt eine entscheidende Frage: Welche Erwartung verknüpfen wir mit dem Integrationsexperiment? Hängt es doch von diesem Referenzpunkt ab, was wir als Erfolg verbuchen oder als Scheitern. Lautet er: »Die Flüchtlinge lösen das deutsche Demografieproblem und nebenbei den Fachkräftemangel« oder eher »Die Flüchtlinge stürzen die Schulen in die Krise und überschwemmen den Arbeitsmarkt mit Unqualifizierten«? Lautet er: »Landen die meisten Flüchtlinge auf der Hauptschule, haben wir als Land versagt!« oder womöglich »Jeder, der die Schule mit einem Abschluss verlässt, wäre eine Erfolg!«?

»Kann es kein Dazwischen geben?«, mag die ein oder andere einwenden. Natürlich, jede Schattierung ist vorstellbar. Erwartungen entstehen ja nicht im luftleeren Raum, sondern hängen von Erfahrungen, Persönlichkeit, politischen Überzeugungen ab. Manche glauben an das deutsche Schulsystem. Andere halten es für eine Katastrophe. Manche hören in ihrem Bekanntenkreis von Einser-Abiturientinnen aus Afghanistan. Andere von Schlägereien auf dem Pausenhof und Lehrern, die reif für die Kur sind. Je nachdem, wo man steht, liest man dieses Buch unterschiedlich und kommt zu anderen Schlüssen. Das ist nicht weiter schlimm. Es sollte einen nur nicht davon abhalten, von einer gemeinsamen Wissensgrundlage zu starten. Denn ohne sie ist es ungemein schwer, überhaupt so etwas wie realistische Erwartungen zu formulieren.

In genau dieser Situation – weitgehend ahnungslos über die, die da kamen – befand sich 2015 ganz Deutschland, egal ob Politikerin oder Handwerksmeister, Lehrer oder Unternehmerin, Journalistin oder Wissenschaftler. Um sich vernünftig eine Meinung bilden zu können, waren die verfügbaren Informationen zu spärlich. Wo Fakten fehlen, wuchern Projektionen.

Und so konkurrierten mal mehr, mal weniger fundierte Thesen über die Flüchtlinge um Aufmerksamkeit. Man näherte sich der Wahrheit von zwei Polen aus.

Wirtschaftswunder oder Katastrophe?

Die *tageszeitung* überschrieb schon Anfang 2015 einen Artikel mit »Die Fachkräfte-Flut«. Die Wirtschaft sähe in syrischen Flüchtlingen »nicht mehr nur die ungeliebten »Asylanten« – sondern Ärzte, Ingenieure oder Techniker mit Potenzial«, hieß es im Text.[1] Und tatsächlich jubelten gerade Wirtschaftsbosse recht unverhohlen. Der damalige Daimler-Chef Dieter Zetsche sah in den Flüchtlingen potenziell die »Grundlage für das nächste deutsche Wirtschaftswunder«.[2] Und David Folkerts-Landau, Chefvolkswirt der Deutschen Bank, verkündete im Interview mit der *WELT*, dank der Flüchtlinge sei »eine kulturelle und wirtschaftliche Blüte« vorstellbar, ähnlich »den Jahrzehnten vor dem Ausbruch des Ersten Weltkriegs«.[3] Selbst Roland Tichy, mittlerweile Merkel-muss-weg-Blogger, meinte in einer Kolumne in der *BILD am Sonntag*, in den Flüchtlingsheimen würden »viele Ärzte und Ingenieure« aus Syrien zu lange auf eine Arbeitserlaubnis warten.[4]

Überhaupt diese Figur des syrischen Arztes: Als Hoffnungsträger gestartet, geisterte er schon kurz darauf nur noch *ex negativo* durch die Debatte. »Der syrische Arzt ist nicht der Normal-

---

1 Baeck, Jean-Philipp: Die Fachkräfte-Flut. In: tageszeitung Nord, 31.01.2015, S. 43.

2 FAZ.net: Flüchtlinge könnten Wirtschaftswunder bringen, 15.09.2015: https://www.faz.net/aktuell/technik-motor/iaa/daimler-chef-zetsche-fluechtlinge-koennten-neues-wirtschaftswunder-ausloesen-13803671.html (zuletzt abgerufen am 21.04.2020).

3 Jost, Sebastian: »Bei Flüchtlingen muss man in Dekaden denken«. In: Die Welt, 14.12.2015, S. 10.

4 Tichy, Roland: Ein Punktesystem hilft auch den Flüchtlingen. In: Bild am Sonntag, 15.02.2015, S. 5.

fall«, sagte im September 2015 die damalige Arbeitsministerin Andrea Nahles, SPD. Noch über ein Jahr später meinte Ludger Wößmann, Leiter des Zentrums für Bildungsökonomie am ifo-Institut, mit diesem angeblich weitverbreiteten Irrglauben aufräumen zu müssen. »Die von den Medien häufig genannten Ärzte aus Aleppo sind die Ausnahme«, warnte er im *manager magazin*, Deutschland müsse aufhören, sich »das Bildungsniveau der Flüchtlinge schönzureden«.[5] Es war nicht das erste Mal, dass Wößmann sich in der Flüchtlingskrise zu Wort meldete. Ein Interview mit ihm in der *ZEIT* hatte im November 2015 für besonderes Aufsehen gesorgt. Wößmann erklärte darin, zwei Drittel der jungen Syrer müssten »nach internationalen Bildungsstandards als funktionale Analphabeten gelten«. Das würden von ihm ausgewertete Daten der internationalen Bildungsstudien PISA und Timms zeigen. Syrische Achtklässler hinkten ihren deutschen Altersgenossen um fünf Schuljahre hinterher. Man müsse davon ausgehen, so Wößmann, dass die Mehrheit der jungen Flüchtlinge an einer Ausbildung scheitern werde. Er forderte, den Mindestlohn für sie zu senken, andernfalls drohe, dass »ein großer Teil der Flüchtlinge niemals in den Arbeitsmarkt integriert werden wird«.[6]

Das Interview wirkte wie ein ungebetener Gast in der noch von sich selbst berauschten neuen deutschen Willkommenskultur. Wößmanns Worte haben Gewicht, der Professor ist ein international anerkannter Fachmann und nicht als rechter Populist bekannt. Und so fühlte sich so mancher von der SPD bis nach rechtsaußen in seiner Skepsis und auch in seinen Ressen-

---

5 Daldrup, Till / Löffelholz, Julia: »Wir müssen aufhören, uns das Bildungsniveau der Flüchtlinge schönzureden«, manager-magazin.de, 23.01.2017: https://www.manager-magazin.de/politik/deutschland/ludger-woessmann-wir-koennen-viele-fluechtlinge-integrieren-a-1127913.html (zuletzt abgerufen am 21.04.2020).

6 Wiarda, Jan-Martin: »Zwei Drittel können kaum lesen und schreiben«. In: DIE ZEIT, No. 47/2015, S. 81.

timents bestärkt. Zwar regten sich bald Gegenstimmen, doch die wurden kaum noch registriert. Denn nachdem es in der Silvesternacht 2015/16 am Kölner Hauptbahnhof zu massenhaften Übergriffen auf Frauen gekommen war, auch durch Asylbewerber, sprach plötzlich niemand mehr über Bildung und alle über Gewalt. So ging beinahe unter, dass Syrien, anders als im Interview nahegelegt, nie an den PISA-Studien teilgenommen hatte, sondern »nur« an Timms, einer in Deutschland mit wenig Emotionen verknüpften internationalen Vergleichsstudie für Mathematik und Naturwissenschaften. In einer kurzen Analyse des Instituts der deutschen Wirtschaft Köln (IW) über die Bildung syrischer Flüchtlinge hieß es deshalb, über die Lese- und Schreibkompetenzen gebe es, anders als von Wößmann behauptet, »keine gesicherten Informationen«. Über die funktionale Analphabetenquote ließe sich folglich »keine Aussage treffen«. Die allgemeine Analphabetenquote unter 15- bis 25-Jährigen habe in Syrien vor dem Krieg bei nur 3,5 Prozent gelegen.[7] Es gebe mehrjährige Ausbildungen auf Facharbeiterniveau, die Quote an Ärzten und Zahnärzten unter den Universitätsabsolventen sei hoch.[8]

Zwei Expertisen, zwei Welten. Nur: Wer hat recht? Die Frage ließ sich damals nicht beantworten. Es lag vor allem an fehlenden Informationen, dass so konträre Einschätzungen im Umlauf waren. Heute ist man weiter, und für die Bilanz ist dieses Wissen wichtig. Denn auch wenn die Vorbildung nur ein Faktor ist und nichts garantiert, wie wir später in einer Stuttgarter Realschule sehen werden, macht es natürlich einen ent-

---

7   Allgemeine Alphabetisierungsquoten, wie sie etwa die Weltbank oder UN angeben und auf die sich die Autorinnen beziehen, beruhen nicht auf Tests, sondern in der Regel auf Selbstauskünften bei Volkszählungen o. Ä., und sagen wenig darüber aus, wie gut Lese- und Schreibkompetenzen tatsächlich sind.

8   Vgl. von Radetzky, Marie-Claire / Stoewe, Kristina: Bildungsstand syrischer Flüchtlinge – 5 Gerüchte auf dem Prüfstand. IW-Kurzberichte 20.2016.

scheidenden Unterschied, ob die Schulen Analphabeten zu Abschlüssen führen müssen oder Kinder aus bildungsaffinen Familien.

Akademikerkinder und Analphabeten

Weil man so wenig wusste, begann man also damit, die Neuankömmlinge zu durchleuchten. Man fragte sie zum Beispiel, was sie von der Demokratie hielten und von der Gleichberechtigung der Geschlechter, welche Sprachen sie sprächen und welchen Beruf sie in ihren Heimatländern gelernt hätten. Befragt wurden dabei fast ausschließlich Erwachsene. Eine einzige relevante quantitative Studie, angesiedelt am Leibniz-Institut für Bildungsverläufe in Bamberg, nahm sich auch Jugendliche vor.[9] Sie ergab, dass 94 Prozent der 14- bis 16-Jährigen in ihrem Heimatland zur Schule gegangen waren, fast die Hälfte von ihnen aber nur auf eine Grundschule. Große Unterschiede zeigten sich etwa auch zwischen Syrien (96 Prozent Schulbesuch) und Afghanistan (80 Prozent). Da die Leibniz-Studie darauf angelegt ist, Bildungsbiografien über einen langen Zeitraum zu untersuchen (als *work in progress* also nur in Auszügen vorliegt), und die Stichprobe überproportional viele Syrerinnen und Syrer enthält, birgt eine repräsentative Studie des Bundesamts für Migration und Flüchtlinge (BAMF) aktuell den größten Wissensschatz. Zusammen mit zwei Forschungsinstituten befragte das BAMF über 4000 erwachsene Flüchtlinge zu Vorbildung und Schulabschlüssen.[10] Die Ergebnisse decken sich mit dem, was viele Lehrkräfte aus ihren Klassenzimmern berichten. Erstens: Pauschale Aussagen lassen sich kaum treffen, weil das Leis-

---

9 Vgl. Will, Gisela et al. (2018): Integration von Flüchtlingen: Erste Ergebnisse der ReGES-Studie (LIfBi Working Paper No. 76). Leibniz-Institut für Bildungsverläufe.

10 Vgl. Bundesamt für Migration und Flüchtlinge (2017): IAB-BAMF-SOEP Befragung von Geflüchteten 2016. Forschungsbericht 30.

tungsniveau krass auseinanderklafft. Und zweitens: Die Mitte ist auffällig schwach, die Ränder sind umso stärker.

- Ein gutes Drittel der Flüchtlinge gibt an, im Heimatland einen Schulabschluss nach 12 Jahren erreicht zu haben, was etwas über der Abiturquote bei Deutschen liegt. Auch bei den Uniabschlüssen tut man sich nicht viel: 11 Prozent der Flüchtlinge haben einen vorzuweisen, bei den Deutschen sind es 17 Prozent. Besonders viele der besser Gebildeten stammen aus Syrien; von den syrischen Flüchtlingen hat fast jeder zweite mindestens den höchsten Schulabschluss. Die im Schnitt mit Abstand am besten ausgebildeten Asylbewerber kommen aus dem Iran. Ihre Quote der Gymnasial- und Unibesucher liegt seit 2015 durchgehend bei über 75 Prozent, also weit über dem deutschen Durchschnitt.[11]

- Dann tut sich ein Graben auf. Während 60 Prozent in Deutschland über die Mittlere Reife oder den Hauptschulabschluss verfügen, tun das unter den Flüchtlingen nur 23 Prozent. Und weil ein formalisiertes Ausbildungssystem wie das deutsche im Rest der Welt weitgehend unbekannt ist, verstärkt sich die Lücke noch: 56 von 100 Deutschen haben eine abgeschlossene berufliche Ausbildung; bei den nach Deutschland eingewanderten Flüchtlingen sind es nur 5 von 100.

- Am unteren Ende der Skala, bei den schlecht Gebildeten, wird es dramatisch: Neun Prozent der Flüchtlinge geben an, in ihrer Heimatsprache gar nicht oder nicht gut lesen und schreiben zu können; insgesamt hat sogar jeder vierte Flüchtling keine oder nur eine Grundschule besucht. Zählt man noch diejenigen dazu, die ihre Mittelschule ohne Abschluss verlassen haben, fehlt ins-

---

11 Die Daten zu Geflüchteten aus dem Iran stammen aus anderen Auswertungen, sie stützen sich auf freiwillige Angaben bei der Asylantragstellung und erfassen nicht Abschlüsse, sondern die höchste besuchte Bildungseinrichtung. – Vgl. BAMF (2015, 2016, 2017): Sozialstruktur, Qualifikationsniveau und Berufstätigkeit.

gesamt jedem dritten Flüchtling das, was man in Deutschland als Mindestmaß an Bildung voraussetzt: der Hauptschulabschluss. Bei Flüchtlingen aus Ländern wie Afghanistan, Irak oder Somalia, in denen es in den vergangenen Jahrzehnten nie anhaltend Frieden gab, sind es sogar 45 Prozent und mehr. Zum Vergleich: Unter Syrern liegt die Quote der Menschen ohne Schulabschluss bei 26 Prozent, in Deutschland sind es vier Prozent.[12]

Was bedeutet das nun für die Schulen – zumal ja Menschen ab 18 Jahren befragt wurden und keine Kinder und Jugendlichen?

Erstens: Dass unter den Geflüchteten höhere Schul- und Hochschulabschlüsse ungefähr so häufig sind wie unter Deutschen, ist als gute Nachricht zu werten. Denn Schulerfolg hängt in Deutschland stark von der Bildung der Eltern ab. Akademikerkinder gehen bis heute viel eher aufs Gymnasium und später an die Uni als Arbeiterkinder und erzielen in Schulstudien wie PISA deutlich höhere Leistungen.[13] (Dass diese Bildungsvererbung an sich ein Versagen ist, ist ein anderes Thema; ich komme in Kapitel 6 auf sie zurück.) Kommen viele Flüchtlinge aus gut gebildeten Elternhäusern an die Schulen, Kinder, die

---

12 Alle Zahlen zu Flüchtlingen, sofern nicht anders ausgewiesen, aus BAMF (2017). Es handelt sich um Selbstauskünfte, die nicht überprüft werden. Inwiefern Effekte wie soziale Erwünschtheit die Antworten verzerren, geht aus den Daten nicht hervor. Da es einen beträchtlichen Anteil von fehlenden Werten gibt (»keine Angabe«), muss man davon ausgehen, dass die Daten ins Positive verzerrt sind. Vergleichszahlen für die deutsche Bevölkerung: https://www.destatis.de/DE/Themen/Gesellschaft-Umwelt/Bildung-Forschung-Kultur/Bildungsstand/Tabellen/bildungsabschluss.html (zuletzt abgerufen am 21.04.2020).

13 Auch wenn Deutschland langsam gerechter wird, sind die Zahlen noch immer sehr eindrücklich: 83 Prozent der Akademikerkinder, aber nur 46 Prozent der Arbeiterkinder besuchen die gymnasiale Oberstufe, ein Studium nehmen 79 Prozent der Akademikerkinder auf, aber nur 27 Prozent der Arbeiterkinder. Soziologen sprechen vom sogenannten Bildungstrichter (vgl. Kracke, Nancy et al.: Beteiligung an Hochschulbildung. Chancen(un)gleichheit in Deutschland. DZHW-Brief 03/2018). Auch in der letzten Auflage der PISA-Studie (2018) gab es wieder einen starken Zusammenhang zwischen dem sozioökonomischen Status der Eltern und den Schulleistungen ihrer Kinder (vgl. PISA 2018. Grundbildung im internationalen Vergleich, S. 138 ff.) .

im Heimatland vielleicht schon Englisch gelernt und Brüche multipliziert haben, dürfte es im Schnitt für Lehrer wie Schüler deutlich leichter sein. Denn diese Kinder lernen in der Regel schneller Deutsch und sind daran gewöhnt, sich Wissen systematisch anzueignen. Wie viele der geflüchteten Eltern von Kindern im Schulalter nun ganz konkret gut gebildet sind, darüber liegen keine eindeutigen Ergebnisse vor. Die Zahlen schwanken zwischen einem guten Viertel (BAMF) und deutlich über einem Drittel (Leibniz-Instituts für Bildungsverläufe).[14, 15]

Zweitens: Die große Anzahl an schlecht Gebildeten unter den Flüchtlingen hätte in den bildungspolitischen Referaten alle Alarmglocken schrillen lassen müssen. Wenn von den vielen jungen Männern[16] zwischen 18 und 25 jeder Vierte oder gar jeder Dritte nur Grundschulniveau hatte, standen die Berufsschulen vor einer fast unlösbaren Aufgabe. Die angesprochene Bildungsvererbung ließ aber für alle Schulformen harte Arbeit weit über die reine Sprachvermittlung hinaus erwarten. Laut den beiden eben zitierten Studien hatten über die Hälfte der geflüchteten Eltern nur eine niedrige oder gar keine Schulbildung (BAMF: 56 Prozent, Leibniz-Institut: 51 Prozent). Ob es gelingt, diese Startnachteile bei möglichst vielen Kindern auszugleichen, wird darüber entscheiden, wie die endgültige Bewertung des Integrationsexperiments in 15 oder eher 25 Jahren ausfällt.

Drittens: Wenn ich Lehrerinnen und Lehrer gefragt habe, was sie als »Normalfall« beschreiben würden, taten sie sich in der Regel sehr schwer mit einer Antwort. Eine Lehrerin an einer Chemnitzer Oberschule brachte es stellvertretend für

---

14 Vgl. BAMF: Ankommen im deutschen Bildungssystem. Bildungsbeteiligung von geflüchteten Kindern und Jugendlichen. BAMF-Kurzanalyse 2/2019.

15 Die besseren Ergebnisse in der Studie des Leibniz-Instituts könnten darauf zurückzuführen sein, dass sich überproportional viele Syrer in der Stichprobe befinden (vgl. Will, Gisela et al. (2018)).

16 Gut 75 Prozent der Asylanträge aus dieser Altersgruppe stellen Männer.

viele ihrer Kollegen auf den Punkt: »Wenn es klappt, klappt es richtig gut. Wenn nicht, ist es richtig schlimm.« Die schwache Mitte zwischen Bildungsaffinen und Bildungsfernen bietet dafür einen Erklärungsansatz.

Viertens: Schulabschlüsse sagen nur bedingt etwas über tatsächliches Wissen und Kompetenzen aus; das gilt für Afghanistan oder Eritrea genauso wie für Deutschland. Über deutsche Schüler weiß man freilich mehr, weil sie seit Jahrzehnten an internationalen Bildungsstudien teilnehmen und nationale Vergleichsarbeiten schreiben, die wissenschaftlich ausgewertet werden. In Ländern, aus denen der Großteil der Flüchtlinge stammt, geschieht das kaum, sie haben im Zweifel ganz andere Sorgen. Eine Ausnahme bildet Syrien mit der bereits erwähnten Timms-Studie für Mathematik und Naturwissenschaften. In der Auswertung von Ludger Wößmann, in der Timms- und PISA-Ergebnisse von 2011 und 2012 zusammengeführt wurden, landeten Syriens Achtklässler auf Platz 73 von 81. Das Land bewegte sich damit, wohlgemerkt kurz vor dem Ausbruch des Krieges, in einer asiatisch-südamerikanischen Melange zwischen Katar, Kolumbien und Indonesien. Die einzigen europäischen Länder im Leistungsumfeld von Syrien waren Mazedonien (Platz 68) und Albanien (66). Deutschland rangierte auf Platz 16.[17] Angesichts der soliden Abschlüsse vieler eingewanderter Syrer erscheint es dennoch unwahrscheinlich, dass Wößmanns These von zwei Dritteln funktionaler Analphabeten zutrifft. Ich werde später, in Kapitel 9, noch einmal auf die Frage des Leistungsniveaus zurückkommen. Zunächst möchte ich das Integrationsexperiment aber gewissermaßen von oben betrachten.

---

17 Vgl. OECD (2015): Universal Basic Skills: What Countries Stand to Gain. China taucht unter den 81 Einträgen gleich vier Mal auf, in Form einzelner Städte der Volksrepublik (Shanghai, Hongkong und Macau) sowie Taipeh/Taiwan. Alle stehen vor Deutschland; würde man sie zusammenzählen, landete Deutschland auf Platz 13 von 78, Syrien auf Platz 70/78.

3 DIE VOGELPERSPEKTIVE

Wichtige Zahlen und die Grenzen der Erkenntnis

Am Anfang jeder Bildungsrecherche in Deutschland steht die Verzweiflung. Oh Gott, der Föderalismus! Er mag politisch seine Vorteile haben und historisch begründet sein, doch führt er dazu, dass auf jede vermeintlich allgemeingültige Aussage eine Einschränkung in Klammern folgen müsste. Das fängt schon bei den Namen und Konfigurationen der weiterführenden Schulen an. Im Fall der Flüchtlinge geht es weiter bei Schulpflicht, Verteilung und Spracherwerb und endet in einer schlampig erhobenen Schulstatistik.

Zwar ist es etwas mühsam, in die Abgründe schulamtlicher Datenbanken hinabzusteigen. Ein kurzer Exkurs aber ist wichtig, um zu verstehen, wo das verfügbare Wissen an seine Grenzen stößt. Das Grundproblem: Jedes Bundesland trägt unterschiedliche Informationen über seine zugewanderten Schüler zusammen; vergleichbare Statistiken gibt es somit nicht.[1] Flüchtlinge werden als Kategorie quasi nirgends erfasst. Stattdessen zählt man die Schüler in Vorbereitungsklassen, notiert aber nicht, ob es sich bei ihnen um Söhne von Arbeitsmigranten aus Bulgarien, Diplomatentöchter aus Japan oder jesidische

---

[1] Zwar gibt es Empfehlungen für die Erfassung von Migrationsmerkmalen von der Kultusministerkonferenz (KMK), aber nicht alle Länder halten sich daran. Deshalb können Schüler mit Migrationsgeschichte in der bundesweiten Schulstatistik nicht ausgewiesen werden. Man kann sich über den Mikrozensus behelfen, der aber auf Hochrechnungen beruht. Ihm zufolge hatten 2018 etwa 37 Prozent aller Schülerinnen und Schüler eine Migrationsgeschichte. Am höchsten ist der Anteil mit 59 Prozent unter Hauptschülern, ein erster Beleg dafür, dass Kinder von Einwanderern in Deutschland im Schnitt schwächere Schulleistungen erzielen.

Flüchtlinge handelt.[2] Das wäre zu verschmerzen, wenn man wenigstens festhielte, wie die Schulkarrieren der Migranten weitergehen. Aber kaum verlassen sie die Vorbereitungsklassen, verschwinden sie vielerorts aus den Statistiken. Nur wenige Länder wissen, auf welchen Schulen sie nach der Sprachförderung landen (z. B. Hessen). Manche Schulbehörden werfen Flüchtlinge mit Deutschen, die Wurzeln im Ausland haben, in einen Topf (z. B. Sachsen) oder mit denen, die zu Hause kein Deutsch sprechen (z. B. Rheinland-Pfalz) – sie haben schließlich alle einen »Migrationshintergrund«.[3] Niedersachsen hielt es bis zum Schuljahr 2019 für überhaupt nicht nötig, die Migrationsgeschichte von Schülern zu erfassen. Die Hälfte der Länder kann schon deshalb kaum eine Auskunft geben, weil sie individuelle Daten, ob aus Sorge vor Diskriminierung oder wegen unverständlicher Datenschutzbestimmungen, nicht sammelt.[4] Immerhin: Die Staatsangehörigkeiten der etwa 1,3 Millionen Ausländer an deutschen Schulen erheben die Ämter. Diese Angaben bilden eine diffuse statistische Masse aus Schülerinnen und Schülern, die teils in Deutschland geboren wurden, teils geflüchtet und teils eingewandert sind, weil ihre Eltern hier Ar-

---

2 Diese Klassen haben je nach Bundesland unterschiedliche Namen, etwa »Willkommensklassen« (Berlin), »Vorkurse« (Bremen) oder »Intensivklassen« (Hessen); sie sind mitgemeint, wenn ich von Vorbereitungsklassen spreche.

3 Der behördendeutsche Begriff »Migrationshintergrund« ist im medialen Diskurs allgegenwärtig. Ich verwende in diesem Buch »Menschen mit Migrationsgeschichte«. Für mich beschreibt der Begriff besser, was gemeint ist, wobei auch er nur eine Krücke ist. Über den Zusammenhang solcher Begrifflichkeiten mit Identität und Zugehörigkeit hat die Journalistin Ferda Ataman eine lesenswerte Streitschrift geschrieben: »Ich bin von hier. Hört auf zu fragen!« (2019).

4 Ich habe den 16 Bildungsministerien Fragen zu qualitativen und quantitativen Erkenntnissen über Flüchtlinge in den Schulen ihres Bundeslandes geschickt. Bis auf Hamburg, Mecklenburg-Vorpommern und Schleswig-Holstein haben alle Bundesländer geantwortet, wenn auch in sehr unterschiedlichem Umfang. Ich komme im Laufe des Buches ab und an auf die Antworten zurück. Insgesamt wusste man wenig.

beit gefunden haben.[5] Man kann der Statistik zum Beispiel entnehmen, wie viele türkische, rumänische oder syrische Kinder auf Gesamtschulen oder Gymnasien gehen. Schon auf die Frage, welche Abschlüsse sie am Ende machen, kennt das Statistische Bundesamt aber keine Antwort, sondern unterscheidet hier nur noch pauschal zwischen Deutschen und Ausländern.

Wo Flüchtlinge im Laufe ihrer Schullaufbahn reüssieren oder scheitern, welche bildungspolitischen Entscheidungen sich bewähren und welche nicht, bleibt somit vielerorts ungewiss. Das führt dazu, dass sich gefühlte Wahrheiten in den Vordergrund drängen: also das, was man halt so mitbekommt aus Schule X oder Schule Y. Ob konstruktive Schulentwicklung in Sachen Integration auf dieser Basis gelingen kann? Zweifel scheinen angebracht.

Eine Jahrhundertherausforderung – oder etwa doch nicht?

Wir haben es also mit einem Puzzle aus Zahlen zu tun, bei dem die Teile nicht perfekt zueinanderpassen und viele fehlen. Wenn man keine wissenschaftlichen Maßstäbe anlegt und blinde Flecken eingesteht, lässt sich aber doch Stück für Stück ein Bild des deutschen Integrationsexperiments zusammensetzen. Werfen wir einen kurzen Blick auf die wichtigsten Zahlen, gewissermaßen auf die Versuchsanordnung des Experiments. Denn aus der Vogelperspektive werden Strukturen deutlich, die

---

5   Die Wissenschaftler Aladin El-Mafaalani und Thomas Kemper argumentieren, dass man mit Blick auf syrische und afghanische Staatsangehörige in der Schulstatistik näherungsweise auf Flüchtlinge schließen könne, da ihre Zahlen seit 2015 sehr stark gewachsen sind (vgl. Bildungsteilhabe geflüchteter Kinder und Jugendlicher im regionalen Vergleich, in: Zeitschrift für Flüchtlingsforschung 2/2017, S. 173–217). Wenn ich Belege aus der Schulstatistik heranziehe, beziehen sich diese Zahlen also nicht ausschließlich, aber überwiegend auf Flüchtlinge. Diese Unschärfe muss man in Kauf nehmen.

man aus der Nähe nicht erkennt. Und siehe da: Die vermeintliche Jahrhundertherausforderung wirkt ziemlich winzig, wenn wir die Tücken des Alltags für einen Moment vernachlässigen. Wir zählen im Schuljahr 2015/16 etwa 460 000 Schulklassen mit durchschnittlich 24 Schülern in Deutschland. Die Kultusministerkonferenz (KMK) schätzte im Herbst 2015, dass im Zuge der Flüchtlingskrise ca. 325 000 Kinder und Jugendliche zusätzlich unterrichtet werden müssten. Ich gehe heute auf Basis der Asylanträge eher von etwa 400 000 aus.[6] Verteilten sich diese 400 000 gleichmäßig und gerecht auf die Schulen und Jahrgangsstufen der Republik, ergäben sich knapp 0,9 Flüchtlinge pro Klasse (wenn der Mensch sich teilen ließe). Anders ausgedrückt: in neun von zehn Klassen säße jeweils ein Flüchtling zwischen 23 Nichtflüchtlingen. Das klingt nach Idealbedingungen für Integration. Bevor wir uns wieder der Wirklichkeit widmen, sei eine weitere Zahl vom grünen Tisch genannt: Insgesamt lernen etwa 11 Millionen Kinder und Jugendliche in deutschen Schulen; 400 000 davon entsprechen knapp 4 Prozent.[7]

---

6 Die Frage lässt sich nicht präzise beantworten, eben weil Flüchtlinge keine statistische Kategorie bilden. Gegenüber den tatsächlich gestellten Asylanträgen fällt die Schätzung der KMK allerdings eher zu niedrig aus. Das Bundesamt für Migration und Flüchtlinge gibt an, zwischen 2014 und 2016 insgesamt knapp 230 000 Asylanträge von Kindern und Jugendlichen zwischen 6 und 16 Jahren bearbeitet zu haben. Dazu kommen weitere knapp 70 000 Jugendliche zwischen 16 und 18 sowie jene Kinder, deren Asylantrag im Kindergartenalter gestellt wurde, die aber innerhalb kurzer Zeit ebenfalls eine Schule besucht haben dürften. Zwischen 2014 und 2016 waren das knapp 50 000 Anträge für Kinder von 4 und 5 Jahren. Die Gesamtzahl der Asylanträge von Kindern und Jugendlichen zwischen 4 und 18 Jahren in den Jahren 2014–2016 lag somit bei rund 350 000. Dazu kommen viele bereits volljährige Flüchtlinge, die eine berufliche Schule besuchen. Die Gruppe der 18- bis 25-Jährigen wiederum ist die mit Abstand größte Alterskohorte: rund 320 000 stellten zwischen 2014 und 2016 ihren Erstantrag. Besuchen etwa 60 Prozent dieser insgesamt 670 000 eine Schule, kommt man auf gut 400 000 Schülerinnen und Schüler. Bildungsforscher wie Ludger Wößmann oder Klaus Klemm rechneten ebenfalls mit 396 000 bzw. 411 000 zusätzlichen Schülern infolge der Flüchtlingskrise. – Vgl. Klemm, Klaus (2016): Schülerinnen und Schüler aus Flüchtlingsfamilien: Eine Expertise zum Personalbedarf.

7 Daten über das Schulsystem in Deutschland stellt das Statistische Bundesamt in den Jahrbüchern der Fachserie 11 bereit.

Manche warten auf Nachricht aus der zerbombten Heimat. Andere fahren in den Ferien nach Hause

Die Realität ist natürlich komplexer. Ein großes Missverständnis besteht in der Vorstellung, dass in den Vorbereitungsklassen fast ausschließlich Araber und Afghanen sitzen. Sie ist vermutlich auf den medialen Fokus auf Kriegsflüchtlinge zurückzuführen, stimmt mit der Realität aber nur bedingt überein. Die Flüchtlinge sind nicht die einzigen Schüler ohne Deutschkenntnisse. Richtig ist: von den gut 200 000 Asylantragsstellern zwischen 6 und 16 Jahren in den Jahren 2015 und 2016 stammte mehr als jeder Zweite aus Syrien (37 Prozent) oder Afghanistan (20 Prozent); aufgrund ihrer guten Bleibeperspektiven dürften Syrerinnen und Syrer heute einen noch etwas größeren Anteil ausmachen.[8] Trotzdem herrscht in den meisten Klassen eine große Vielfalt, zu der oft Kinder von EU-Migranten (z. B. aus Rumänien, Bulgarien oder Spanien), Asylbewerbern aus Europa (z. B. aus Albanien, Kosovo oder Serbien), Afrika (z. B. aus Somalia, Nigeria oder Eritrea), Irak, Russland oder der Türkei zählen.[9] Das genauer auseinanderzuklamüsern führt zu weit, auch wenn unterschiedliche Herkunftsländer natürlich unterschiedliche Bildungsvoraussetzungen mit sich bringen. Der kurze Exkurs soll nur verdeutlichen: In einer durchschnittlichen Vorbereitungsklasse ist Deutsch oft die einzige gemeinsame Sprache. Es müssen nicht alle die lateinische Schrift erlernen und es kommen nicht alle aus muslimischen Familien. Manche durchlaufen parallel zu ihrer Ankunft im deutschen

---

8 In der Studie »Bildungstrends 2018« machten sie beispielsweise 43 Prozent der geflüchteten Neuntklässler innerhalb der Stichprobe aus. – Vgl. Stanat, Petra et al. (Hrsg.) (2019): IQB Bildungstrends 2018, S. 327.

9 Die Zahl der Schülerinnen und Schüler allein aus Rumänien und Bulgarien wuchs zwischen 2014 und 2017 um mehr als 42 000. Die allermeisten von ihnen dürften zunächst in Vorbereitungsklassen unterrichtet worden sein.

Schulsystem nervenzehrende Asylverfahren, warten auf Post vom Amt oder Nachrichten aus der zerbombten Heimatstadt. Andere fahren in den Ferien nach Hause.

Schaut man auf die Altersverteilung, erkennt man eine besonders große Gruppe mit besonders schlechten Chancen: Über ein Drittel der Zugewanderten im schulpflichtigen Alter war 2015 schon 16 bis 18 Jahre alt. Ihnen blieb nur sehr wenig Zeit, ausreichend Deutsch zu lernen und den relevanten Stoff zu verstehen, ehe die Abschlussprüfungen dräuten; viele von ihnen landeten direkt in einer beruflichen Schule, wo man sie irgendwie für den Arbeitsmarkt zu qualifizieren hoffte (siehe Kapitel 11). Die 6- bis 15-Jährigen verteilen sich hingegen einigermaßen regelmäßig (mit leichter Schlagseite im Grundschulalter), sodass in allen Klassenstufen Neuankömmlinge integriert wurden. Bei den Kindern unter 6 Jahren, das nur am Rande, bildeten übrigens die unter 1-Jährigen die mit Abstand größte Gruppe.[10] Babys also, die kurz vor, während oder nach der Flucht auf die Welt kamen und von denen vermutlich Zehntausende im kommenden Jahr eingeschult werden. Es wäre also ein Fehler, die Flüchtlingskrise bildungspolitisch als ein abgeschlossenes Ereignis zu behandeln.

---

10 Die Altersstruktur basiert auf Zahlen des Ausländerzentralregisters und bezieht sich auf Menschen, die sich 2015 noch nicht länger als ein Jahr in Deutschland aufgehalten haben. – Vgl. von Dewitz, Nora et al. (2016): »Neu zugewanderte Kinder, Jugendliche und junge Erwachsene«, S. 8 und 15 f.

4 DIE UNGLEICHEN ZWILLINGE

Ein guter Start kann vieles ändern

Stuttgart an einem Februarmorgen 2020, 07:45 Uhr. Doppelstunde Ethik sagt der Stundenplan der 10a an der Realschule Ostheim. 15 Schülerinnen und Schüler verteilen sich auf die Stühle in einem umfunktionierten Handwerksraum mit Blick auf den Schulparkplatz; Bügeleisen liegen in der Ecke, eine Wäscheleine spannt sich die Wand entlang. Weil ein Sturmtief wütet, ist Schule heute freiwillig. Klassenlehrerin Tetjana Tarasenko wirft mit einem Overheadprojektor Justin Bieber und Beyoncé an die Wand. Sexismus in der Werbung. Die Schüler sollen auf einem Arbeitsblatt notieren, was ihnen an den Werbebildern auffällt. »Was heißt Mimik?« fragt einer der Jungs seine Lehrerin.

Wer nicht informiert wurde, welche beiden Schüler dieser Klasse erst vor wenigen Jahren nach Deutschland eingewandert sind und nun kurz vor ihrer Prüfung für den mittleren Schulabschluss stehen, der würde es nach den folgenden 90 Minuten auch nicht wissen. In der Klasse heute Morgen sind nämlich erstens alle Jugendlichen Kinder von Migranten, zum Beispiel aus Albanien, Nigeria oder der Türkei; »biodeutsch« sieht also niemand aus.[1] Zweitens drückt sich einer der beiden – Abed, 16 Jahre, aus Masar-e-Sharif in Afghanistan, An-

---

1 Wenn ich gelegentlich »biodeutsch« schreibe, tue ich dies nicht polemisch, sondern um mich konkret auf Deutsche *ohne* Migrationsgeschichte zu beziehen. Warum nicht einfach »deutsch«? Weil viele Menschen mit Migrationsgeschichte natürlich auch Deutsche sind.

kunft Ende 2015 – besser aus als manche Klassenkameraden; das Wort »Mimik« könnte er vermutlich umstandslos erklären.[2] Er spricht, ohne zu stocken, steigt auch ins pubertäre Geplänkel zum Thema ein, dabei hat Frau Tarasenko die blanken Hintern der Palmers-Werbung extra abgedeckt. Und drittens fällt auch seine syrische Klassenkameradin – Hala Qaderi, 18, aus einer Vorstadt von Damaskus, Ankunft Herbst 2015 – nicht weiter auf. Allerdings aus anderen Gründen: Sie sagt nämlich gar nichts.

Auch im Gespräch wirkt Hala, rosafarbener Pulli und Kopftuch mit Blütenmuster, schüchtern. Sie komme gern in ihre Klasse, sagt sie. Dabei läuft es bei ihr eher bescheiden. »Die Mittlere Reife ist sehr schwer. Drei oder vier Seiten schreiben über ein Gedicht oder eine Kurzgeschichte. Das finde ich bis jetzt sehr schwer«, sagt sie. Die Neunte musste sie schon wiederholen, trotz ihres Fleißes, den ihre Lehrerinnen hervorheben. Bildung sei das Wichtigste für ihre Eltern und sie, erzählt Hala, für Hobbys bleibe keine Zeit, zu Hause sei sie vor allem am Lernen. Aber schriftlich steht sie in Deutsch noch immer irgendwo zwischen 5 und 6. Und mündlich? Sie sagt nur etwas, wenn sie aufgerufen wird. Ob sie die Prüfungen besteht? Es dürfte eng werden.

Hala Qaderi hat eine Zwillingsschwester, Munira. In der neunten Klasse saßen sie für ein halbes Jahr nebeneinander. Aber während Hala nicht zurande kam, schaffte Munira den Sprung in die Zehnte und im Sommer darauf, knapp vier Jahre nach ihrer Ankunft, mit dem Notenschnitt 2,8 ihren Realschulabschluss. Jetzt lernt sie an einem Berufskolleg für ihr Fachabitur und macht parallel eine Ausbildung zur biologisch-technischen Assistentin.

---

2 Ich habe alle Schülernamen in diesem Buch verändert; bei Minderjährigen verwende ich lediglich Vornamen.

Gleiche Familie, gleiche Bildung, ungleicher Erfolg

Die gleiche Vorbildung in Syrien: dort waren sie auf eine Sekundarschule gegangen. Dieselbe Familie: der Vater Ingenieur, die Mutter Hausfrau. Der gleiche Schreibtisch. Sogar ziemlich gleiche Gene (sie sind zweieiige Zwillinge). Die eine startet durch, die andere tut sich schwer. Woran liegt das?

Es lohnt sich, die Gründe zu suchen. Neben Unterschieden in der Persönlichkeit – Munira fragt, wenn sie etwas nicht versteht, Hala ist das unangenehm – stößt man dabei auf viele Kleinigkeiten, die man als Zufälle abtun könnte. Nur sind diese Zufälle, nun ja, kein Zufall. Sie begegnen einem andauernd, man könnte sogar sagen: sie sind typisch für das deutsche Integrationsexperiment.

Munira erreicht Deutschland Ende September 2015 mit ihren zwei älteren Geschwistern. Vom Rest der achtköpfigen Familie sind sie in der Türkei getrennt worden, bevor sie mit einem Boot nach Griechenland übersetzen. Relativ schnell kommen die drei Geschwister in ein Wohnheim in Stuttgart, und Munira bekommt einen Schulplatz in einer Vorbereitungsklasse einer Werkrealschule.[3] Dort lernt sie vor allem Deutsch, hat aber manchmal auch Englisch- und Mathestunden. Man schlägt ihr vor, bei der Arbeiterwohlfahrt zusätzlich einen Deutschkurs am Nachmittag zu machen; so entflieht sie der Enge im Heim. Nach anderthalb Jahren in der Vorbereitungsklasse sagt ihre Lehrerin: Für den Hauptschulabschluss bist du zu gut. Sie schickt sie auf die Realschule Ostheim, einen Kilometer die Straße runter.

Ihre neue Klassenlehrerin, Frau Michael, setzt sie neben Arif, einen Syrer, der bereits sehr gut in die Klasse integriert

---

3   Werkrealschulen sind quasi Hauptschulen mit anderem Etikett in Baden-Württemberg. Hier lernen Schüler mit Hauptschulempfehlung, allerdings können die Besseren von ihnen nach ihrem Abschluss am Ende der 9. Klasse noch die 10. Klasse besuchen und den Realschulabschluss machen.

ist (am Ende der zehnten Klasse wird er, ein Unbegleiteter, den zweitbesten Abschluss des Jahrgangs machen). Sie dürfen im Unterricht reden: Wenn Munira etwas nicht versteht, erklärt Arif es ihr flüsternd auf Arabisch. Nachmittags schickt Frau Michael sie ins Chancenwerk, einen Verein, in dem Studierende und Schüler älterer Klassen ihr und anderen direkt in der Schule den Stoff noch einmal erklären. Sie kniet sich rein, löchert ihre Lehrer mit Fragen. So findet sie schnell Anschluss, schafft später den Abschluss.

Hala, ihre Eltern und ihre kleinen Geschwister kommen Ende Oktober in Deutschland an. Man teilt sie dem aus allen Nähten platzenden Flüchtlingslager auf dem Tempelhofer Feld in Berlin zu. Hala hockt im Camp, 24 Stunden am Tag, sieben Tage die Woche. Einen Schulplatz bekommt sie nicht. Das für die Flüchtlinge zuständige Berliner Landesamt für Gesundheit und Soziales, LaGeSo, ist so überfordert, dass es unfreiwillig zum Hashtag auf twitter wird. Ein Ehrenamtlicher bringt Hala die ersten Brocken deutscher Grammatik bei, ansonsten bleibt ihr nichts anderes übrig, als auszuharren. Aus Tagen im Camp werden Wochen, werden Monate. Dabei hat Hala, wie auch Munira, schon in Syrien ein ganzes Schuljahr verloren. »In der achten Klasse habe ich nichts gelernt, nur gespielt«, erzählt sie. Je näher die Kriegshandlungen kamen, desto ferner blieben die Lehrer. Wer ihre Heimatstadt heute bei Google Maps eingibt, sieht Fotos von Schutt und Ruinen.

Auf dem Tempelhofer Feld spricht sie natürlich nur Arabisch. Als sie im Frühjahr schließlich in eine Notunterkunft in einer alten Fleischfabrik am südlichen Stadtrand Berlins umziehen, kommt Hala in eine Vorbereitungsklasse einer Oberschule. Bis mittags lernt sie Deutsch mit einer Handvoll anderer Flüchtlinge, zu Hause geht es zurück in den arabischen Alltag. Sie wohnen zu sechst in einem Zimmer, erzählt sie, nach dem Camp fühlt sich das fast schon wie Luxus an. Manchmal muss sie für die Mutter beim Arzt übersetzen, obwohl sie das meiste selbst nicht versteht. Auch wenn sie beginnt, sich in der Vorbereitungsklasse wohlzufühlen – wie es weitergehen wird, bleibt unsicher. Sie hospitiert einmal pro Woche in einer Regelklasse, hat mit ihrem Deutsch aber keine Chance, dem Unterricht zu folgen. Weil ständig neue Flüchtlinge kommen, wird ihr Platz in der Vorbereitungsklasse gebraucht. Als sie 16 wird – die Familie lebt mittlerweile in Neukölln –, verschiebt man sie an eine Berufsschule. Was sie da soll, versteht Hala nicht, sie hat doch noch gar keinen Beruf. Auf jeden Fall sitzt sie nun in einer Regelklasse. Sie kennt niemanden, alle können viel besser Deutsch als sie. Ein halbes Jahr lang bringt sie keinen Ton heraus, aus Angst, ausgelacht zu werden.

Schließlich, fast zweieinhalb Jahre nach der Ankunft in Deutschland, darf die Familie nach Stuttgart umziehen. Endlich wohnt Hala wieder mit ihrer Zwillingsschwester zusammen. Die Lehrerinnen in ihrer neuen Klasse versteht sie aber kaum. Sie sprechen anders und fordern mehr. Frau Michael hat Hala zwar neben ihre Schwester gesetzt, damit sie sich wohl fühlt und ihr jederzeit Fragen stellen kann. Aber sie will nicht stören, traut sich nicht zu tuscheln, zumal auch Munira zusehen muss, mitzukommen. Hala nickt bloß, wenn Lehrer sie fragen, ob sie alles verstanden hat. Dabei stimmt das nicht, wie sich bald zeigt. Bei den ersten Klassenarbeiten gibt sie nur ein leeres Blatt ab und weint. Sie muss die Neunte wiederholen und sich schon wieder vor neuen Mitschülern beweisen, zum fünften Mal seit ihrer Ankunft. Als die Familie eine Wohnung in Böblingen findet und ihr Schulweg sich auf anderthalb Stunden verlängert, steht eines für sie fest: Bloß nicht noch mal die Schule wechseln.

Gelingt das Integrationsexperiment an der Realschule Ostheim? Das hängt davon ab, wen man fragt

Wofür steht die Geschichte von Hala und Munira und wofür nicht? Handelt es sich bei ihnen doch nur um zwei von angenommenen 400 000, also um bloß 0,0005 Prozent aller Flüchtlinge, die in einer deutschen Schule angekommen sind.

Die Hunderttausenden Erfahrungssplitter, aus denen sich das Integrationsexperiment wie ein Mosaik zusammensetzt, mögen sich ähneln, sind aber doch einzigartig. Was in der einen Klasse klappt, scheitert in jener nebenan. Von einer Geschichte, die man hört, auf die nächste zu schließen, erweist sich oft als falsch. In der Realschule Ostheim, deren Schulleitung und Kollegium mir motiviert und hilfsbereit vorkamen, angenehm unbürokratisch und interessiert an ihrer Schülerschaft, habe ich in Interviews mit vier Lehrern über ihre Erfahrungen mit der Integration von Flüchtlingen diese vier Sätze gehört:

»Die meisten machen gut mit und kommen gut mit.«

»Im Deutschunterricht ist es eine maßlose Überforderung. Wenn man sich die Stunde über daneben setzt, ist es nicht ganz unterirdisch. Aber ich habe 28 Schüler in der Klasse.«

»Der Aufstiegswille ist bei vielen groß, weil sie den Status aus ihrem Heimatland schnell wieder erreichen wollen. So überholen manche die, die hier geboren wurden.«

»Wenn der Schüler nicht absolut will, ist er chancenlos.«

Gelingt das Integrationsexperiment an der Realschule Ostheim nun oder nicht? Das hängt ganz offensichtlich davon ab, wen man fragt. Wenn es schon schwerfällt, die Erfahrungen einer einzelnen Schule auf einen Nenner zu bringen, ist eine bundesweite Bilanz da nicht eine irre Anmaßung? Vielleicht.

Ich glaube aber, es hilft sehr, Widersprüche nicht auszublenden, sondern offenzulegen. Zumal es natürlich auch Übereinstimmungen gibt. Viele Erfahrungen, die mir Schulleiter oder Lehrerinnen ebenso wie Schüler im Laufe der Recherche geschildert haben, ähnelten sich, vor allem strukturell. Die Geschichten von Hala und Munira veranschaulichen beides, die Widersprüche und die Gemeinsamkeiten. Einerseits warnen sie vor vorschnellen Annahmen: Wenn sich die Erzählung schon bei Zwillingen derart unterscheidet, dann kann man erst recht nicht über *die* Syrer, *die* Afghanen oder gar *die* Flüchtlinge sprechen. Andererseits verweist sie auf Erfahrungen, die viele Schulen machen: Dass viele Umzüge und Schulwechsel das Ankommen brutal erschweren, siehe Hala.[4] Und dass viel Hilfe viel hilft, siehe Munira. Auch darauf, dass die oft langen Unterbrechungen der Schulbiografien selbst bei Kindern aus bildungsnahen Familien starke Auswirkungen haben können – aber nicht müssen.

Die Ohnmacht der Schüler und der Schulen ist groß angesichts der vielen Zufälle, die im Spiel sind. So ist es zum Beispiel nicht egal, ob man in Berlin, Stuttgart oder, sagen wir, Starnberg am See landet, weil jedes Bundesland, jede Stadt, jedes Amt anders agiert. Manche Behörden arbeiten schneller, andere langsamer, obwohl ein paar Monate auf dem Weg zu einem Abschluss einen gewaltigen Unterschied machen können. Im Mittel vergehen laut der bereits erwähnten Studie des Leibniz-Instituts für Bildungsverläufe sieben Monate zwischen der Einreise und dem ersten Schultag; Hala hatte also noch nicht

---

4   Einer Analyse des BAMF zufolge sinkt die Chance, eine Realschule oder ein Gymnasium zu besuchen, je häufiger die Flüchtlinge ihre Unterkunft wechseln müssen und verschlechtert sich nochmals, wenn sie in Gemeinschaftsunterkünften und nicht in eigenen Wohnungen wohnen (vgl. BAMF: Ankommen im deutschen Bildungssystem. Bildungsbeteiligung von geflüchteten Kindern und Jugendlichen. BAMF-Kurzanalyse 2/2019, S. 11 f.). Siehe dazu auch Kapitel 9.

einmal besonders großes Pech.[5] Das ohnehin große Problem der infolge von Krieg und Flucht gebrochenen Bildungsbiografien wird vom behäbigen deutschen Verwaltungsapparat also oft noch verschlimmert.

Eines ist jedoch kein Zufall: Dass Flüchtlinge wie Abed, Hala und Munira an einer Schule wie der in Ostheim ankommen, einem Ort, von dem biodeutsche Familien sich weitgehend zurückgezogen haben.

---

5   Die Streuung der Dauer zwischen Einreise und Einschulung ist groß und reicht laut der Studie von 0 bis 51 Monate. Bei der Hälfte der Befragten dauerte es weniger als fünf Monate, bei der anderen Hälfte mehr (Median). – Vgl. Will, Gisela et al. (2018), S. 23.

5 BRENNPUNKTSCHULE AUF, FLÜCHTLINGE REIN?

Die Frage der Verteilung

In manchen Schulen in Deutschland ist jeder vierte Schüler ein Flüchtling, in andere hat fast noch nie ein ausländisches Kind einen Fuß gesetzt. Neben jahrzehntelanger integrationspolitischer Arbeitsverweigerung liegt das unter anderem an der allgemeinen Landflucht, Stadtplanung, Klientelpolitik (kein Flüchtlingsheim im Villenviertel) und der Bildungsabschottung der Mittelschicht (mein Kind kommt nicht in die Schule mit den vielen Ausländern!). Also an komplexen gesellschaftlichen Phänomenen, die sich über lange Zeiträume hinweg ausgebildet haben und sich kurzfristig nur bedingt außer Kraft setzen lassen.

Zwar schrieb die Bundesregierung eine Wohnsitzpflicht in das Integrationsgesetz von 2016, das als Antwort auf die vielen Migranten gedacht war. Es sollte verhindern, dass anerkannte Flüchtlinge die ihnen zugewiesenen Wohnorte verlassen und in Ballungszentren wie Duisburg, Frankfurt oder Berlin in einer Community aus Landsleuten verschwinden. Aber weil dieser Mechanismus nur bedingt funktioniert[1] und vor allem, weil Flüchtlinge auch entsprechend der Bevölkerungsdichte verteilt werden, kommen dort mehr an, wo ohnehin viele Menschen

---

1 Die Wohnsitzpflicht kann außer Kraft gesetzt werden, wenn man in einem anderen Bundesland Arbeit findet. Dies ist in Großstädten einfacher. Außerdem sieht sie nur vor, dass Menschen mit Aufenthaltstitel für drei Jahre im *Bundesland* leben bleiben, wo ihr Asylverfahren durchgeführt wurde. In die nächstgrößere Stadt innerhalb des Bundeslandes kann man also theoretisch umziehen.

auf engem Raum wohnen. So erreichte die Flüchtlingskrise ganz besonders Schulen am Rande der Großstädte – in ebenjenen ökonomischen Brachen, in die Containerdörfer hineingepflanzt oder marode Leerstände in Wohnheime umfunktioniert werden konnten.[2] Auf Deutsch heißt das: Die Flüchtlinge kamen zu den anderen Ausländern. Sie und ihre hier geborenen Kinder haben in Deutschland im Schnitt weniger Bildung, weniger Chancen auf dem Arbeitsmarkt und weniger Wohlstand. Die Konzentration vieler benachteiligter Menschen mit Migrationsgeschichte in Vierteln mit relativ günstigen Wohnungen ist die Konsequenz. Die Studie »Segregation an deutschen Schulen« des Sachverständigenrats deutscher Stiftungen für Integration und Migration zeigt etwa, dass 41 Prozent der Grundschüler mit Migrationsgeschichte an Schulen lernen, an denen mindestens die Hälfte aller Schüler Migrantenkinder sind. Unter Grundschülern ohne Migrationsgeschichte sind es nur knapp acht Prozent. In Großstädten konzentrieren sich Migrantenkinder noch stärker an wenigen Schulen. Die Flüchtlinge kamen also vornehmlich an Orte mit »sozial schwachen Milieus«, ei-

---

2 Das Verteilungsproblem empirisch nachzuweisen ist kompliziert, weil die meisten Schulbehörden Flüchtlinge nicht als statistische Kategorie erfassen (siehe Kapitel 3). Es gibt aber belastbare Hinweise. So zeigt etwa eine Studie des Instituts zur Qualitätsentwicklung im Bildungswesen (IQB), dass in 74 Prozent der neunten Klassen in Deutschland gar keine Flüchtlinge lernen. Sie konzentrieren sich in den verbliebenen 26 Prozent der Klassen. Und da ganz besonders an einigen wenigen Orten: Während in der Hälfte dieser Klassen nur ein Flüchtling sitzt, sind es in acht Prozent der Klassen fünf oder mehr. – Vgl. zum Vorangehenden Stanat, Petra et al. (Hrsg.) (2019): IQB Bildungstrends 2018, S. 328 f. Dass es sich dabei häufig um Schulen mit hohem Migrationsanteil handelt, liegt nahe, zumal dieselbe Studie zeigt, dass die Durchmischung an deutschen Schulen seit 2012 abgenommen hat (vgl. ebd. 151 f.). Neben anekdotischer Evidenz aus Recherchen oder aus Gesprächen mit Lehrerverbänden, zeigt zudem eine Studie des Sachverständigenrats deutscher Stiftungen für Integration und Migration, dass Hamburger Stadtteilschulen mit einem Migrationsanteil von über 50 Prozent einen doppelt so hohen Anteil an Flüchtlingen unter ihren Schülern haben wie Stadtteilschulen mit einem niedrigeren Migrationsanteil. – Vgl. SVR-Forschungsbereich (2018): Schule als Sackgasse? Jugendliche Flüchtlinge an segregierten Schulen, S. 17.

ner fragwürdigen Chiffre für Menschen mit wenig Geld, wenig formaler Bildung und oft mittelmäßigem Deutsch.[3]

Auch seine Schule sei ein »Brennpunkt«, sagt der Rektor der Realschule Ostheim. Wolfgang Schlosser, ein Schwabe mit kurzem Schnauzer und großem Herz, klagt nicht, es ist eine wertfreie Beschreibung seines Alltags. Wobei natürlich alles relativ ist. In der Nachbarschaft der Schule ragen keine 20-stöckigen Wohnsilos in den Himmel. Mehrfamilienhäuser aus der Kaiserzeit, vom Zweiten Weltkrieg unversehrt, säumen die Pflasterstraßen. Eine alte Arbeiterkolonie. Heute hätten 80 bis 90 Prozent seiner Schülerschaft eine Migrationsgeschichte, sagt Schlosser. »Wir haben insgesamt viele Kinder von Alleinerziehenden, von eher armen Leuten, die in die Schule kaum involviert sind.« Der Rektor, Anfang 60, weiß viel über seine gut 300 Schülerinnen und Schüler; ohne persönliche Beziehungen macht sein Job hier wenig Sinn. Jeder siebte Regelschüler saß vorher in der Vorbereitungsklasse; neben Kriegsflüchtlingen wie Abed oder Hala sind darunter zum Beispiel auch Griechen, Georgierinnen und Rumänen. Über die Flüchtlinge sagt er: »Da sind immer wieder sehr gute dabei, die meisten kommen gern her. Und es gibt andere, die total zerrissen sind, die nicht andocken, weil bei denen so viele G'schichten laufen.« Also die, die selten kommen, weil sie auf kleine Geschwister aufpassen oder die Eltern zur Behörde begleiten, und die, die ihre Familie verloren haben, manchmal auch ihre Hoffnung. Und selten auch welche, die Stress machen, Polizeieinsätze und Schulverweise inklusive. »Das sind nur ganz wenige gewesen, wie es sie immer vereinzelt gibt«, sagt Schlosser. »Aber bei ihnen hieß es dann natürlich: ›Das sind *die* Flüchtlinge.‹« Er sei

---

3 Fragwürdig finde ich den Begriff »sozial schwach« deshalb, weil er nahelegt, Leute mit weniger Geld und Bildung seien weniger sozial. Ich verwende daher den sprachlich zwar hässlichen, aber präziseren Begriff »sozioökonomisch benachteiligt«.

froh, Lehrerinnen wie Frau Michael zu haben, die nicht mit dem Gong ihre Verantwortung abstreifen. Die niemanden sofort verloren geben.

Die Flüchtlinge, die Inklusionskinder – und der ganze Rest

Birgitt Michael, die ehemalige Lehrerin der ungleichen Zwillinge, unterrichtet mittlerweile die 8a. 27 Jugendliche mit großen Taschen, Kapuzenpullovern und Gesichtern, aus denen langsam die Kindheit verschwindet. Unter ihnen Ali und Ava, die jüngeren Geschwister von Hala und Munira, ebenfalls Zwillinge. Nach vielen Wechseln innerhalb Berlins sitzen sie mittlerweile in Schule Nummer fünf. Sie sprechen gebrochen Deutsch, sollen aber heute in der siebten Stunde in Geschichte etwas über den Merkantilismus Ludwigs XIV. lernen. Dazu kommen zwei neue Schüler aus Osteuropa, die am Morgen in der Vorbereitungsklasse noch Verben konjugiert haben, das Präsens lief flüssig: Ich reite, du reitest, er-sie-es reitet.

Ein kleines Computerzimmer, der einzig freie Raum, wurde damals, als die Flüchtlinge kamen, kurzerhand umgestaltet. Deutschlandkarte an die Wand und Lexika ins Regal, fertig war das Integrationslabor. Zwischen diesem Raum und dem Klassenzimmer der 8a wechseln die neuesten ihrer Schüler nun hin und her. In Birgitt Michaels Klasse sitzen zudem vier Inklusionskinder mit, so sagt man auf Therapeutendeutsch, emotional-sozialen Entwicklungsstörungen; eines von ihnen hat obendrein eine Lese-Rechtschreib-Schwäche. Dazu zwei Kinder mit körperlichen Behinderungen, was für den Unterricht unerheblich ist, von denen aber ein Mädchen wegen regelmäßiger Operationen häufig fehlt und viel verpasst. »Und dann noch der ganze Rest«, sagt Frau Michael. Sie will nicht meckern, persönlich fühle sie sich nicht dauerhaft überlastet.

Aber den Erfolg jedes Schülers und jeder Schülerin sichern? Allen gerecht werden, den Stärkeren und den Schwächeren, den Muttersprachlern und den frisch Zugereisten, den Gelangweilten und denen mit Konzentrationsproblemen? »Irre schwer« sei das. Zumal sie ihrer Klasse seit einer Reform des Schulgesetzes vor drei Jahren zwei Unterrichtsniveaus gleichzeitig anbieten muss: das grundlegende und das mittlere, kurz G- und M-Niveau. Das eine führt zum Hauptschulabschluss, das andere zur Mittleren Reife. Beide erfordern eigene Unterrichtsvorbereitung, Prüfungsaufgaben und Benotungen. Zumindest in den Hauptfächern kann die Klasse aktuell nach Niveaus geteilt werden; im G-Niveau Deutsch sitzen vor allem die Flüchtlinge und ein paar andere Kinder mit Migrationsgeschichte, vier Fünftel der Klasse lernen auf M-Niveau.

Frau Michael wirkt durchsetzungsstark und empathisch. Mit 50 Jahren ist sie keine Berufsanfängerin mehr. Aber ihr Unterrichtsalltag hat wenig mit dem zu tun, was sie in den Seminaren an der Pädagogischen Hochschule Ludwigsburg vor 20 Jahren gelernt hat. An Inklusion zum Beispiel dachten damals weder Professorinnen noch Politiker. Und obwohl sie als Deutschlehrerin viel über Sprache weiß: Wie sie Grammatik oder gar Literatur an Kinder mit wenig Deutschkenntnissen vermittelt, kam in ihrem Studium nicht vor. Weiterbildungen zum Unterricht von Flüchtlingen seien ihr in den vergangenen Jahren nie angeboten worden. Die vielen Extrastunden Arbeit, die Elterngespräche hier, das Umschreiben von Schulbuchtexten da, um »Stolpersteinwörter« aus dem Weg zu räumen – sie mache das gern, solange die Schülerinnen motiviert seien, und gerade die Flüchtlinge zeichne ein großer Fleiß aus. Aber sie müsste sich teilen können, besser gesagt multiplizieren, denn zweimal die halbe Aufmerksamkeit reicht nicht.

Den vier »verhaltensauffälligen« Inklusionskindern wird jeweils in 2,5 Stunden der über 30 Wochenstunden ein Sonderpädagoge an die Seite gestellt. Für die Sprachförderung der Flüchtlinge, um die 10, 12, 14 Lebensjahre Startnachteil in Deutsch irgendwie aufzuholen, sind im Schulbudget drei Wochenstunden vorgesehen. In der Praxis, mit der dünnen Personaldecke und den vielen unterschiedlichen Stundenplänen, lassen sich aber selbst die nicht realisieren. Weil die Flüchtlinge wichtigen Fachunterricht verpassen oder die Lehrer ausbrennen würden. Schlosser hat die Stunden deshalb anders verteilt, auf alle Fünft-, Sechst- und Siebtklässler, die es auch gut gebrauchen können. Für Ava und Ali aus der 8a oder ihre ältere Schwester Hala bedeutet das: mitschwimmen oder untergehen.

Fehlende Sprachkenntnisse sind kein Grund, »abzuschulen«

Orte, an denen vor allem Einwandererkinder lernen, werden gern als »Brennpunktschulen« bezeichnet. Die Wissenschaft nennt sie in der Regel »segregierte Schulen«, weil Migrantenkinder hier abgetrennt von biodeutschen, leistungsstarken Schülern bildungsaffiner Elternhäuser lernen. Da man seit vielen Jahren weiß, dass zu viele Kinder aus soziökonomisch benachteiligten Familien innerhalb einer Klasse das Niveau für alle senken (siehe Kapitel 9), schien gerade Brennpunktschulen weiteres Ungemach zu drohen, würde man die Flüchtlinge vor allem dorthin schicken. Der Sachverständigenrat deutscher Stiftungen für Integration und Migration, der Polemik eher unverdächtig, argumentiert, dass zwar auch segregierte Schulen »gute Lernmöglichkeiten« für Flüchtlinge bieten könnten, allerdings sei die Schülerschaft hier oft »sozial benachteiligt, konfliktbelastet, nicht selten leistungsschwach und zum Teil verhaltensauffällig. So ist das Lernniveau oft eher niedrig.« Man folgert: »Diese Lernhindernisse könnten die zukünftigen Bildungsbiografien vieler junger Flüchtlinge prägen.«[4]

Die Segregation der Flüchtlinge erfolgt über die Stadtteile, in denen sie leben, aber nicht nur. Wenig überraschend hörte man in der Flüchtlingskrise nichts von Gymnasien am Rande des Zusammenbruchs. Denn nur wenige hatten zunächst überhaupt etwas mit der Sache zu tun. Man ging (zu Recht) davon aus, dass selbst die Schlausten unter den Neuankömmlingen es schwer haben würden, nach einem oder zwei Jahren in der Vorbereitungsklasse direkt den Sprung an ein Gymnasium zu schaffen. Bloß: Fehlende Sprachkenntnisse sind laut den Schulgesetzen der Länder kein Grund, Schüler »abzuschulen«, sie also in eine niedrigere Schulform zu versetzen. An sich sollen ihre Potenziale, Fähigkeiten und Leistungen darüber entscheiden, wo sie lernen, und ihre sprachlichen Nachteile durch Förderung mit der Zeit ausgeglichen werden.

Dafür müsste man freilich herausfinden, was die geflüchteten Schüler können – eine Aufgabe, die fast überall sträflich vernachlässigt wird. Welche Schule die richtige ist, ermitteln die Bundesländer nicht systematisch nach klaren Kriterien oder gar durch verpflichtende Kompetenzüberprüfungen. Meist füllen kommunale Behörden im Gespräch mit der Familie Formulare aus, in denen etwa die persönlichen Daten, der bisherige Schulbesuch sowie Sprachkenntnisse vermerkt werden (z. B. fünf Jahre Grundschule in Afghanistan, kein Abschluss, Dari und Paschtu). In einigen Bundesländern testet man zusätzlich die Deutschkenntnisse, was aber kurz nach der Einreise wenig aussagt. Und oft geschieht die Zuweisung ohnehin nach rein praktischen Gesichtspunkten, also schlicht danach, an welcher Schule Platz ist.

---

4 SVR-Forschungsbereich (2018): Schule als Sackgasse? Jugendliche Flüchtlinge an segregierten Schulen, S. 4.

Angst vor einer Selektion

Dabei könnte man viel gezielter vorgehen. Baden-Württemberg etwa führte schon im Herbst 2016 eine sogenannte Potenzialanalyse namens »2P« ein (»Potenzial & Perspektive«), mit der man Schüler ohne Deutschkenntnisse online testet, zum Beispiel in Mathematik, Englisch und logischem Denken, und auch die bisherige Schullaufbahn sowie Fächerneigungen systematisch abfragt. Aber erstens wird 2P nicht dafür eingesetzt, den richtigen Lernort zu bestimmen, sondern erst nach der Schulzuweisung und dann auch nur auf freiwilliger Basis. Zweitens liegen aus Datenschutzgründen nicht mal dem Kultusministerium genaue Erkenntnisse über den Förderbedarf und die Fortschritte der Schüler vor (man kann die Tests regelmäßig wiederholen, um Lernzuwächse zu dokumentieren). Und drittens haben bis heute nur drei weitere Bundesländer 2P eingeführt. Vornehmlich, so ist zu hören, weil man ein Selektionsinstrument fürchtet, das Flüchtlinge in Schubladen stecke. Immerhin: Diese Angst hat sich wohl mittlerweile gelegt, eine Handvoll weiterer Bundesländer prüft derzeit – vier Jahre nach dem Startschuss –, ob sie das Programm ebenfalls einführen. Es ist ja auch absurd: Eine Form von Selektion findet durch die Zuweisung zu einer Schule so oder so statt. Warum diese besser uninformiert erfolgen soll, ist nicht nachvollziehbar.

Dieses Laissez-faire, das gern als Schulautonomie verkauft wird, ist symptomatisch für das Integrationsexperiment. Denn auch die Art und Weise, wie sie die Flüchtlinge konkret in die Klassen integrieren, überlassen die Länder weitgehend den Schulen, ohne dass überprüft würde, ob sie funktioniert. Wenn man Kinder und Jugendliche nun auf Schulen verteilt, ohne viel mehr als Namen und Alter von ihnen zu wissen, bürdet man ihnen entweder weitere Schulwechsel auf, nämlich dann, wenn ihr Potenzial erkannt wird. Oder aber es bleibt unentdeckt, weil das Chaos in der Vorbereitungsklasse vieles unsichtbar macht und Lehrer nicht dafür ausgebildet sind, die Begabungen von Nichtmuttersprachlern zu erkennen. Und schließlich machte man auch den Lehrerinnen in den Vorbereitungsklassen die Arbeit noch schwerer als sie ohnehin schon ist: Eben, weil mangels gezielter Zuweisung teilweise 16-jährige Analphabeten und 12-jährige Gymnasiastinnen zusammen in einer Klasse lernen.

Brennpunktschulen vs. Gymnasien

Offiziell, um unnötige Schulwechsel zu vermeiden, inoffiziell aber auch, um die Institution Gymnasium zu schützen, schickten die Schulämter die Flüchtlinge überwiegend an Haupt-, Gesamt- und Berufsschulen (und an die Grundschulen natürlich, wo knapp die Hälfte von ihnen ankam). Die Zahlen schwanken von Bundesland zu Bundesland, sind aber eindrücklich. Hier einige Beispiele, sie stammen aus den Antworten der Kultusministerien auf meine Anfrage zur Verteilung der Flüchtlinge:

Im Saarland lernten 2016 von den neu Zugewanderten neun Prozent an Gymnasien, 2019 waren es acht Prozent.

In Baden-Württemberg gingen im Schuljahr 2015/16 gut 14 000 Migranten außerhalb der Grundschulen in Vorbereitungsklassen. Rund 95 Prozent von ihnen saßen in Haupt- und Werkreal-, Gemeinschafts- und Berufsschulen. An Gymnasien waren es genau 171 Jugendliche oder 1,2 Prozent der neuen Schüler. Diese lernten mit durchschnittlich zehn Schülern pro Vorbereitungsklasse zudem unter besseren Bedingungen; an den anderen Schulen lag die Klassenstärke im Schnitt bei 16. Im Schuljahr 2019/20 waren es immer noch nur vier Prozent aller Vorbereitungsschüler nach dem Grundschulalter, die aufs Gymnasium gingen.

In Sachsen besuchten im Schuljahr 2018/19 laut sächsischem Kultusministerium 3311 Schüler die Vorbereitungsklassen von Oberschulen und Berufsschulzentren. An Gymnasien waren es null.

Vereinzelt versuchen Bundesländer, die Gymnasien stärker zu involvieren, etwa die Stadtstaaten, wo man, ähnlich wie zum Beispiel in Frankfurt oder im Ruhrgebiet, schon lange an Zuwandererkinder unter den Abiturienten gewöhnt ist. Aber das ist die Ausnahme. Die Integration ins Klassenzimmer – und mithin in die Gesellschaft – übernehmen in Deutschland vor allem jene Schulen, die schon vor der Ankunft der Flüchtlinge mehr Vielfalt vereinten, als vielen ihrer Lehrer recht war. Schulen, deren Schüler ohnehin mehr Anleitung brauchen, oft auch mehr Zuwendung. Deren Schulleiterinnen es gerade in Zeiten des Lehrermangels schwerer haben, gute Pädagogen zu finden. Schulen, an denen die Eltern nicht durch ihre Anwesenheit nerven (die gibt es auch), sondern durch ihre Abwesenheit. Es sind genau die Schulen, die den Löwenanteil der Inklusion stemmen und seit dem PISA-Debakel in der Hoffnung auf mehr Bildungsgerechtigkeit vor- und zurückreformiert wurden.

Optimisten sagen: Perfekt! Wer, wenn nicht diese Schulen, weiß, wie es geht?

Pessimisten sagen: Fatal! Wer, wenn nicht diese Schulen, bräuchte endlich mal Entlastung.

Ich glaube, beides stimmt. Einerseits kann es den Flüchtlingen die soziale Integration erleichtern, wenn nicht alle perfekt Deutsch sprechen und manche Klassenkameraden selbst eine Migrationsgeschichte haben; das berichteten mir zumindest Lehrer. Andererseits würde ihnen der Umgang mit Muttersprachlern helfen, schneller Deutsch zu lernen; das erklärten mir Wissenschaftlerinnen. Einerseits haben diese Schulen jahrzehntelange Erfahrung mit der Integration von Migranten, hier konzentrieren sich Kompetenz und Engagement. Andererseits leiden sie schon genauso lange darunter, dass der Staat sein Geld nach dem Gießkannenprinzip verteilt und nicht gezielt dort investiert, wo es am dringendsten gebraucht wird.[5] Wer zwischen Professorentöchtern und Söhnen ungelernter Migranten nicht unterscheidet, handelt abstrakt zwar gerecht, zementiert konkret aber Unterschiede.

Nach meinem Besuch an der Realschule Ostheim, bei dem ich mit vielen Lehrerinnen, Sozialarbeitern und geflüchteten Schülern gesprochen und in Unterrichtsstunden gesessen hatte, hatte ich den Eindruck, dass es, na ja, schon irgendwie ganz okay funktioniert. Aber eben auch nicht richtig gut. Erfolgsfälle wie Munira, Abed oder Arif, von denen ja viele Schulen berichten, hängen ab vom Ehrgeiz, der Intelligenz und Vorbildung der Schülerinnen; von extrem engagierten Lehrern, die Familien in ihren Unterkünften besuchen, sich autodidaktisch weiterbilden, die Freizeit opfern; von Schulleitungen, denen nicht alles egal ist, die hier eine ehrenamtliche Hausaufgabenhilfe organisieren, und sich da mal über Bestimmungen hinwegsetzen.

Und nicht von einem funktionierenden System.

5   Fast alle Bundesländer versuchen in Ansätzen, Standortnachteile auszugleichen. Die meisten scheitern dabei aber an einer mangelhaften Datengrundlage, auf deren Basis über Maßnahmen entschieden werden könnte oder aber begegnen den Nachteilen mit lächerlich geringen Zulagen. Eine positive Ausnahme in dieser Hinsicht ist Hamburg, wo die Schulbehörde sehr genau über Schülerschaft und Elternhäuser Bescheid weiß und die Nachteile einzelner Schulen, etwa durch zusätzliche Lehrer und kleinere Klassen, gezielt auszugleichen versucht.

6 AUS ERFAHRUNGEN WENIG GELERNT

Erst Gastarbeiterkinder, nun Flüchtlinge

Seit Kikazaru, Mizaru und Iwazaru als Emojis auf jedem Smartphone leben, kennt sie die ganze Welt. Die drei Affen, die sich Ohren, Mund und Augen zuhalten, um sich den Übeln der Realität zu verschließen. Die ignoranten Makaken illustrieren gut die deutschen Integrationsbemühungen im 20. Jahrhundert. Ausländer betrachtete man in erster Linie als Problem – aber eines, das sich von selbst auflösen würde. Also kümmerte man sich nicht weiter um sie. Dem Selbstverständnis nach war die BRD kein Einwanderungsland. Es war nicht nur so, dass man sich nicht für die Integration von Zuwanderern interessierte. Man sah sie schlicht nicht vor. Wer also heute meint, nach Millionen von sogenannten Gastarbeitern, Kontingentflüchtlingen, Aussiedlern und Spätaussiedlern, Kriegsflüchtlingen und Bewerbern um politisches Asyl, also nach gut 60 Jahren Erfahrung mit Einwanderung aller Art müsse man in der Bundesrepublik doch wissen, was zu tun ist, wenn junge Menschen in die Schulen migrieren, der irrt. Dass im Herbst 2015 vielerorts nach dem Trial-and-Error-Prinzip herumexperimentiert wurde, konnte man nicht nur auf die abrupte Ankunft der Flüchtlinge schieben. Schuld war auch eine jahrzehntelang gepflegte Ignoranz. Oder wie soll man es sonst nennen, wenn in einem Land, dessen jüngere Geschichte ohne Migranten gar nicht derart hätte geschrieben werden können, kein geteiltes Wissen darüber existiert, wie erfolgreiche Integration in den Schulen funktioniert?

Der Bildungsforscher Hans Anand Pant, Professor an der Humboldt-Universität zu Berlin und Leiter der Deutschen Schulakademie, attestierte der Bildungsnation in der *Frankfurter Allgemeinen Zeitung* vor den Sommerferien 2016 eine »systemweite Hilflosigkeit«. Die habe man sich selbst zuzuschreiben: »Langfristige Konzepte des produktiven Umgangs mit sprachlicher, religiöser und kultureller Vielfalt in Schulen« habe man in Deutschland nie konsequent entwickelt, »geschweige denn wissenschaftlich auf ihre Wirksamkeit überprüft«. Es fehle »an der durchgängigen politischen Haltung, Integration über Bildungsprozesse gestalten zu wollen«, man schiebe das »im Grunde seit Jahrzehnten« vor sich her.[1] Pants Urteil über die deutsche Bildungspolitik erinnerte wieder an die drei Affen, die sich Augen, Mund und Ohren zuhalten: Wenn man die Realität nur konsequent ausblendet, wird schon alles gut.

Gastarbeiterkinder? Ab in die Ausländerklasse!

Viele Gastarbeiterkinder steckte man seit den 60er-Jahren in Ausländerklassen ohne Kontakt zu Deutschen. In Berlin existierten sie unter dem Namen »Ausländerregelklassen« bis Mitte der 1990er-Jahre fort. Man warb Lehrer an, damit sie die Kinder auch auf Italienisch, Türkisch oder Griechisch unterrichteten, in manchen Bundesländern sogar nach den Lehrplänen der (vermeintlichen) Heimatländer der Kinder. Endete ihre Schullaufbahn nicht mit dem Status »ohne Abschluss«, wechselten sie meist auf eine Hauptschule. Jahrelang war in der Praxis nur dieser Übergang ins Regelsystem vorgesehen. Die Kultusministerkonferenz formulierte seinerzeit gut klingende, aber kaum verbindliche Empfehlungen zur freien Gestaltung für die Bun-

---

1 Pant, Hans Anand: Die Versäumnisse der Vergangenheit rächen sich jetzt bei der Flüchtlingsfrage. In: Frankfurter Allgemeine Zeitung, 16.06.2016, S. 6.

desländer, die alle paar Jahre leicht umgeschrieben wurden. Zu Beginn lag es sogar in deren eigenem Ermessen, die Schulpflicht durchzusetzen.[2]

Kinder, die im Grundschulalter nach Deutschland kamen, hatten zwar bessere Chancen. Der Wechsel ans Gymnasium nach der vierten Klasse stellte aber auch für sie eine oft unüberwindliche Hürde dar. Dass türkische, italienische oder jugoslawische Kinder womöglich das Abitur machen wollten und konnten, war für Bildungspolitiker und viele Pädagoginnen bis Anfang der 1980er-Jahre nur als Ausnahme von der Regel vorstellbar. Bis man erkannte, dass die Menschen, die sich am Fließband oder unter Tage die Rücken krumm gemacht hatten, womöglich gar nicht alle in die ärmlichen Verhältnisse ihres alten Lebens in Anatolien oder Kalabrien zurückkehren wollten. Sondern dafür geschuftet hatten, dass ihre Kinder es einmal besser hätten, und zwar in Deutschland. Dass sie also keine Gastarbeiter, sondern Mitbürger waren, und man ihre Kinder, wenn schon nicht richtig fördern, so doch zumindest fit für den Arbeitsmarkt machen sollte. Asylbewerberkinder fielen hingegen bis vor ein paar Jahren nicht überall unter die Schulpflicht. Von denen, die Anfang der 1980er-Jahre während des Kriegs im Libanon nach Deutschland flohen, gingen manche nie hier zur Schule.

Migrantenkinder holen auf

Die Folgen dieser politischen Kurzsichtigkeit spürt man bis heute. Ein Beispiel: 43 Prozent der Deutschen besuchen ein Gymnasium; bei libanesischen Kindern der zweiten und dritten Einwanderergeneration sind es nur 13 Prozent. Sieben Pro-

---

2 Vgl. Mona Massumi (2019): Migration im Schulalter. Systemische Effekte der deutschen Schule und Bewältigungsprozesse migrierter Jugendlicher. Berlin, S. 62 ff.

zent der Deutschen gehen auf eine Hauptschule und sechs Prozent auf eine Förderschule. Unter Libanesen sind es mit jeweils zwölf Prozent etwa doppelt so viele.[3]

Bei der viel größeren Gruppe der türkischstämmigen Deutschen sieht es ungleich besser aus, aber auch sie erben noch immer Überbleibsel der geringeren Bildung ihrer Eltern oder Großeltern. Zwar verbessern sich die schulischen Leistungen und Abschlüsse mit jeder Generation.[4] Auch konnten sie in den Jahren nach dem berüchtigten PISA-Schock im Jahr 2001, als Deutschland seine Bildungsungerechtigkeit um die Ohren flog, aufholen. Dennoch klafft noch immer eine Riesenlücke zwischen Schülerinnen und Schülern mit und ohne Migrationsgeschichte. Ein wichtiger Grund dafür ist allerdings auch, dass die Biodeutschen sich ebenfalls stark verbessert haben, in der Leistungsspitze ebenso wie in der Breite. Immer mehr Kinder aus Arbeiterfamilien machen Abitur und studieren. Es ist also nicht so, dass sozialer Aufstieg durch Bildung in Deutschland nicht funktioniert; nur vollzieht er sich langsamer als andernorts, ganz besonders für Migranten.

---

3 Eigene Berechnung auf Basis von Zahlen des Statistischen Bundesamts (Fachserie 11, Reihe 1, für das Schuljahr 2018/19). Die Fallzahlen bei den Libanesen sind gering, aber seit vielen Jahren stabil. – Vgl. El-Mafaalani, Aladin / Kemper, Thomas (2017): Bildungsteilhabe geflüchteter Kinder und Jugendlicher im regionalen Vergleich. In: Zeitschrift für Flüchtlingsforschung 2/2017, S. 180 ff.

4 Einer Studie der OECD zufolge hatten innerhalb der ersten Generation türkischer Einwanderer in Deutschland im Jahr 2012 knapp 50 Prozent (Frauen) bzw. knapp 30 Prozent (Männer) keinen Schulabschluss. Unter den in Deutschland geborenen Kindern türkischer Einwanderer, also der zweiten Generation, war das bei weniger als 10 Prozent der Fall. Der Anteil von Menschen mit mindestens einem Realschulabschluss hat sich innerhalb von einer Generation von etwa 20 Prozent (Frauen) bzw. 30 Prozent (Männer) auf jeweils über 50 Prozent gesteigert. – Vgl. Diehl, Claudia und Granato, Nadia (2018): Intergenerational inequalities in the education system and the labour market for native-born children of immigrants from Turkey and the former Yugoslavia. In: Catching Up? Country Studies on Intergenerational Mobility and Children of Immigrants. OECD Publishing, S. 71–90.

Bildungserfolg hängt dabei weniger davon ab, ob die Eltern nun Türken, Kroaten, Ghanaer oder Deutsche sind – da ist sich die empirische Bildungsforschung relativ einig. Entscheidender für die Leistung der Kinder ist der sozioökonomische Status ihrer Eltern. Also, ob Mama Ärztin ist oder Kassiererin, ob Papa mit dem Kind lesen lernt oder es vor den Fernseher setzt, ob sie bei den Hausaufgaben helfen (können) oder nicht, ob genug Geld und Zeit für Bibliotheks- und Museumsbesuche da ist.[5] Diese Faktoren beeinflussen die Leistungen von Kindern deutscher Eltern natürlich ebenfalls. Aber erstens kommen Kinder mit Migrationsgeschichte sehr viel häufiger aus armen und bildungsfernen Elternhäusern als der deutsche Durchschnitt.[6] Zweitens schlagen bei ihnen Sprachprobleme stärker durch; vor allem dann, wenn sie zu Hause kein Deutsch sprechen. Studien der Universität Bamberg zeigen zum Beispiel, dass Einwandererkinder mit fünf Jahren bei Wortschatztests kaum mehr Wörter kennen als Dreijährige aus bildungsnahen, biodeutschen Familien. Das Vokabular von gleichaltrigen biodeutschen Kindern ist im Schnitt um 80 Prozent größer.[7] Und weil

---

5 Bei türkisch- und arabischsprachigen Schülerinnen und Schülern zum Beispiel sind die durchschnittlichen Leistungen auch dann noch signifikant schlechter, wenn man die sozioökonomischen Faktoren und die in der Familie gesprochene Sprache herausrechnet; die Gründe hierfür sind noch nicht geklärt. Weiterführend zum Bildungsrückstand von Migrantenkindern, zum Beispiel: Autorengruppe Bildungsberichterstattung: Bildung in Deutschland 2016. Ein indikatorengestützter Bericht mit einer Analyse zu Bildung und Migration, S. 161–206; oder: Diehl, Cornelia et al. (Hrsg.) (2016): Ethnische Ungleichheiten im Bildungsverlauf. Mechanismen, Befunde, Debatten.

6 Laut »Bildung in Deutschland 2016« leben 55 Prozent der 6- bis unter 10-Jährigen mit Migrationsgeschichte der ersten Generation in einer sogenannten Risikolage, also in einem Haushalt mit Armutsgefährdung oder mit zwei arbeitslosen oder schlecht gebildeten Eltern. In der zweiten Generation gilt dies noch für 42 Prozent. Bei Kindern ohne Migrationsgeschichte trifft dies auf 20 Prozent zu (vgl. S. 169). In keinem anderen europäischen Land liegt der durchschnittliche sozioökonomische Status von Einwanderern so weit unter dem der Menschen ohne Migrationsgeschichte wie in Deutschland, vgl. Reiss, Kristina et al. (2019): PISA 2018. Grundbildung im internationalen Vergleich. S. 147 f.

7 Spiewak, Martin: Wer schafft es nach oben? In: Die Zeit, Nr. 20/2018, S. 35–36.

in fast allen Fächern nichts wichtiger für den Unterrichtserfolg ist, als gut Deutsch zu verstehen, zu sprechen, zu lesen und zu schreiben, ziehen die sprachlichen Nachteile die Leistungen von Migrantenkindern vom Kindergarten bis zum Abschluss wie ein Bleigewicht nach unten.[8] Auch in der zweiten Generation spricht die Mehrheit der Einwandererkinder zu Hause nie oder nur manchmal Deutsch.[9] Die im Schnitt deutlich schlechteren Leistungen von Zuwandererkindern in ausnahmslos jeder wichtigen Schulstudie sorgen deshalb kaum noch für Schulterzucken. Als ließen sich Sprachnachteile nicht ausgleichen. Als sei Bildungsvererbung ein Naturgesetz. Kannmannixmachen.

Es ist daher so konsequent wie unangenehm, dass Menschen mit ausländischen Wurzeln noch heute manchmal »Musterbeispiele der Integration« genannt werden, nur weil sie ein von irgendwem als »normal« empfundenes Leben führen. Besonders grotesk wirkt das dann, wenn der- oder diejenige sogar in Deutschland geboren wurde. Wir schreiben das Jahr 2007, als der *stern* in einem Text mit dem völlig unironisch gemeinten Titel »Unsere Super-Türken« seinen damals über sieben Millionen Lesern eine gewagte These um die Ohren knallt: »Migranten sind nicht nur eine Last«.[10] Immerhin: Vom ersten Anwerbeabkommen mit der Türkei bis zu dieser Erkenntnis waren zu diesem Zeitpunkt erst gut 45 Jahre vergangen. Aber so richtig setzte sie sich nicht durch. Spätestens Bundesinnenminis-

---

8 Weiterführend zum Zusammenhang von Sprache und Schulleistungen: Kemper, Sebastian et al. (2016): »Die Rolle der Sprache für zuwanderungsbezogene Ungleichheiten« in Diehl, Claudia et al. (Hrsg.): Ethnische Ungleichheiten im Bildungsverlauf, S. 157–241.

9 Zu Hause immer Deutsch zu sprechen, geben in den IQB-Bildungstrends (2019) 17 Prozent der Neuntklässler in zweiter Einwanderergeneration an (vgl. S. 321). Laut *Bildung in Deutschland 2016* sind es bei den unter Sechsjährigen in zweiter Generation 42 Prozent, die zu Hause hauptsächlich oder gleichberechtigt Deutsch und eine andere Sprache sprechen.

10 Volland, Bernd / Zerwes, Christine: »Unsere Super-Türken«. In: stern, No. 6/2007, S. 106–116.

ter Horst Seehofer stellte 2018 wieder unmissverständlich klar: »Mutter aller Probleme ist die Migration.« Er sagte das wohlgemerkt nach Aufmärschen von Rechtsextremisten.

Das deutsche Verhältnis zur Integration ist also kompliziert. Bis heute haftet dem Thema an, irgendwie lästig zu sein. Neben Aussagen wie denen des Bundesinnenministers, die in Deutschland Tradition haben, tragen auch die bildungspolitischen Fehler der Vergangenheit dafür Verantwortung. Aber heute redet man mehr denn je darüber, wie man Immigration in Zukunft besser steuern, begrenzen oder ganz unterbinden kann, und zu wenig darüber, wie sie sich in der Gegenwart positiv gestalten ließe.

7 DER WECHSEL IN DIE REGELKLASSE

Wie macht man es richtig?

Im Wissen um die vielen schulisch abgehängten Migrantenkinder wäre es wichtig gewesen, bei den Flüchtlingen nun vieles anders zu machen. Bildungsforscher Hans Anand Pant formulierte in seinem *FAZ*-Beitrag die Hoffnung, die akute Überforderung würde die chronischen Übel des Bildungsföderalismus heilen. Er beschrieb, wie es bitte nicht laufen sollte: »Jedes Bundesland führt sein eigenes Modell der schulischen Flüchtlingsintegration ein, Qualitätsstandards für Integrationsmaßnahmen werden uneinheitlich oder gar nicht festgelegt, geschweige denn überprüft, und man appelliert an die kreativen Potentiale der Einzelschulen bei gleichzeitiger finanzieller Unterausstattung.«[1]

Tja.

Theoretisch ermöglicht der Bildungsföderalismus den Ländern, auf die eigenen Gegebenheiten gezielt zu reagieren. Bloß lassen sich bei der Integration der Flüchtlinge – wie auch bei anderen wichtigen Bildungsthemen wie dem Abitur, Inklusion oder der Ganztagsschule – maßgeschneiderte Lösungen selbst mit Wohlwollen kaum entdecken. Manche Bundesländer, etwa Rheinland-Pfalz und das Saarland, werfen Flüchtlinge egal welchen Alters meist direkt in die Regelklassen. In Bremen und Hamburg hingegen verbleiben die Neuankömmlinge in Ausnahmefällen bis zum ersten Schulabschluss in einer Flücht-

---

1 Pant (2016), S. 6.

lingsklasse. An den meisten Schulen ist die Zeit, wie lange die Migranten »unter sich« bleiben, indes auf ein oder zwei Jahre begrenzt. (In der Praxis traf ich aber auch Schülerinnen, die nach erfolglosen Anläufen im Regelunterricht bereits drei Jahre in der Vorbereitungsklasse saßen, in der sie quasi nur noch aufbewahrt wurden.)

In vielen Bundesländern versucht man, zwischen Aussondern und Eingliedern zu balancieren. Das heißt: In Vorbereitungsklassen bringt man die Flüchtlinge auf ein ansatzweise akzeptables Deutschniveau, während sie parallel bereits erste Regelstunden besuchen. Zunächst meist in Musik, Kunst oder Sport, wenn es gut läuft auch in Englisch oder Mathe. Als Richtschnur dient dabei die Sprachintensität der Fächer. Spätestens nach zwei Jahren erfolgt der vollständige Wechsel in die Regelklasse, wo mit Geschichte oder Gemeinschaftskunde die richtigen Brocken oft noch warten. Damit der fließende Übergang sinnvoll abläuft, braucht es freilich ein Lehrerzimmer, das sich viel abstimmt, wofür es oft an Zeit, nicht selten auch an Bereitschaft, fehlt, denn viele nervt das Hin und Her.

Übrigens: Diese Integrationsverläufe, die sich schon in Empfehlungen der Kultusministerkonferenz aus den 1970er-Jahren nachlesen lassen, sind zarte Handreichungen der Schulbehörden, keine bindenden Regeln. Den Wechsel hinzukriegen – vom Flüchtling zum Regelschüler – ist das Ziel. Aber wie und wann es erreicht wird, darüber entscheiden bis heute meist keine Lehrpläne oder Prüfungen, sondern das Bauchgefühl der Pädagogen.

Gleichzeitig eingliedern und aussondern: der richtige Weg?

Bei allem Experimentieren: In Vorbereitungsklassen Deutsch zu lernen, während es zügig, aber schrittweise in die Normalität regulärer Stundenpläne, Klausuren und Benotungen geht, das scheint, so ganz prinzipiell, für viele Jugendliche der richtige Weg zu sein (zu den Kindern in der Grundschule komme ich im nächsten Kapitel). Den Schülern tut es gut, nicht allein zu sein bei ihrem Versuch, in einer deutschen Schule anzukommen. Kein Alien, das angestarrt wird, sondern einer von vielen, die ein neues Leben beginnen, eine neue Sprache lernen. Die Erfolgserlebnisse am Anfang sind zahlreicher, wenn auch falsche Sätze immerhin deutsche Sätze sind und alle Fehler machen. Gleichzeitig hört man fast immer: so schnell wie möglich Teil einer »normalen« Klasse zu werden, ist die größte Motivation.[2]

Die entscheidende Frage lautet daher: Wie gelingt der Wechsel? Die größten sprachlichen Hürden müssen überwunden sein, bevor sich geflüchtete Jugendliche in die Regelklasse eingliedern können – darüber sind sich zumindest in der Schulpraxis viele einig. Das größte Dilemma dabei ist: Mit jedem zusätzlichen Tag in der Vorbereitungsklasse, der beim Deutschlernen hilft, verpassen die Flüchtlinge wichtigen Fachunterricht in Mathe, Physik oder Englisch. Die deutschen Altersgenossen, die in der Regel schon mit einem Vorsprung starten, sind irgendwann nicht mehr einzuholen. Welcher Wechsel zu früh kommt und welcher zu spät und wie man ihn gestalten sollte, kann die Wissenschaft ebenso wenig beantworten wie die Frage, mit welchem Modell sich die Sprachhürde schnellstmöglich nehmen ließe. Die Chance, das Integrationsexperiment zu nutzen, um diese Fragen zu beantworten, wurde von Politik und Wissenschaft vertan. Wie genau Schulen sich in Zeiten

---

2   Diese Einschätzung beruht auf den Gesprächen mit geflüchteten Schülerinnen und Schülern, die ich geführt habe, und sie deckt sich mit Eindrücken der Lehrkräfte aus Vorbereitungsklassen. Eine qualitative Studie des Deutschen Jugendinstituts weist ebenfalls darauf hin, dass ein direkter Besuch der Regelklasse einschüchternd wirkt, etwa wegen der Angst, ausgelacht zu werden. – Vgl. Lechner, Claudia / Huber, Anke (2017): »Ankommen nach der Flucht. Die Sicht begleiteter und unbegleiteter junger Geflüchteter auf ihre Lebenslagen in Deutschland«, S. 60.

von Globalisierung und Migrationsdruck bestmöglich organisieren, um Erfolg zu haben, wissen wir darum nicht. Dass es jedoch sinnvoll ist, möglichst viele Lernmöglichkeiten zu verknüpfen, also Unterricht in Deutsch als Zweitsprache (DaZ) mit fachsprachlichem Input und dem Austausch mit Muttersprachlern, darüber herrsche weitgehend Einigkeit, sagt Bildungsforscher Hans Anand Pant. Belege dafür findet man weniger in umfassenden Studien als in der Schulpraxis. Besonders: in der *guten* Schulpraxis.

Die gebrochenen Versprechen der Bildungspolitik – in Chemnitz löst man sie ein

Schauen wir für einen Moment nach Chemnitz, genauer gesagt ins Heckertgebiet, eine ehemalige Plattenbausiedlung im Südwesten der Stadt. Viele der alten Betonriegel sind Bäumen gewichen oder grundsaniert und neu gestrichen worden, im Internet bewirbt man sie heute als »attraktive 11-Geschosser«. Auch die Oberschule am Flughafen ist in renovierten 70er-Jahre-Kästen untergebracht. Aber die architektonische Einfallslosigkeit täuscht, so wie sich auch mögliche Vorurteile, in Sachsen sei es womöglich schwieriger als anderswo mit der schulischen Integration, nicht bestätigen. Heidenau, Freital, auch Chemnitz mögen zuletzt durch rechtsextreme Übergriffe ins öffentliche Bewusstsein gerückt sein. An der Oberschule am Flughafen aber funktioniert die Integration der Flüchtlinge ziemlich gut.

In Sachsen leben in manchen Landstrichen kaum Ausländer, nicht einmal jeder zehnte Schüler im Freistaat hat eine Migrationsgeschichte. In der Statistik von Schulleiterin Kerstin Daniel gilt das dagegen für jeden dritten. Guter deutscher Durchschnitt also. Viele Syrerinnen und Afghanen sind unter den Migranten, aber auch Moldauerinnen oder Ungarn. Die meisten von ihnen sitzen in den Klassen 5 bis 10, daneben gibt es zwei Vorbereitungsklassen, eine für die Stufen 5 bis 7, die andere für die 8 bis 10. Fünf Jahre, nachdem es am Morgen häufig unerwartet an den beiden Klassenzimmern klopfte und Kerstin Daniel mit einem neuen Jungen oder einem neuen Mädchen in der Tür stand, läuft alles geregelter ab. Von den 40 Plätzen in den beiden Klassen sind heute 31 belegt.

Die Worthülsen der Bildungsnation, die häufig in Wahlkampfpapieren und Lehrplänen zu lesen sind – »individuelle Förderung«, »Binnendifferenzierung«, »Durchlässigkeit« –, jene politischen Versprechen also, die vielerorts tagtäglich gebrochen werden: Frau Daniel und ihr Kollegium versuchen, sie in Chemnitz einzulösen. Oft gelingt es. Das liegt an Sachsens Bildungspolitik, vor allem aber an der Arbeit der Lehrer und Lehrerinnen.

Auch an der Oberschule am Flughafen seien sie 2015 überfordert gewesen, sagt Frau Daniel. Und das, obwohl man bereits seit vielen Jahren eine städtische Schwerpunktschule für Integration war, also über eine DaZ-Fachkraft und eine Vorbereitungsklasse verfügte. Aber die schiere Zahl der neuen Schüler, darunter viele Jugendliche, die sie quasi direkt zum Hauptschulabschluss führen sollten, sei nicht zu stemmen gewesen. Da waren, am Anfang, auch Schlägereien und wenig Respekt vor den Lehrerinnen und Lehrern, erzählt Daniel. Aber seitdem ist vieles besser geworden, man könnte sogar sagen, gut. Man experimentierte viel. Nun läuft es.

Wenn man Schulforscher Pant fragt, welche Faktoren besonders dazu beitragen, geflüchtete Schülerinnen und Schüler erfolgreich in den Schulalltag zu integrieren, nennt er deren vier: »Eine rasche Teilnahme in Regelstunden. Durchgehende sprachliche Bildung, und zwar in allen Fächern. Multiprofessionelle Teams im Unterricht, zum Beispiel aus Fach- und DaZ-Lehrkräften. Und eine Kultur, die Vielfalt nicht als Problem sieht, sondern wertschätzt.« Er beschreibt damit ziemlich genau das, was das Kollegium der Oberschule am Flughafen im Rahmen seiner Möglichkeiten zu verbinden versucht.

Die Flüchtlinge sind ab Tag eins einer Regelklasse zugeordnet. »Sonst macht es keinen Sinn«, sagt Frau Daniel, »sonst schotten sie sich ab«. Tordis Hollstein, eine der Lehrerinnen für die Vorbereitungsklasse der älteren Schüler, kam im Sommer 2014 nach Chemnitz. Sie kannte sich mit Schülern aus, die zu Hause kein Deutsch sprechen; während ihres Referendariats in Garbsen, einer Trabantenstadt von Hannover, saßen in ihren Klassen überwiegend deutschtürkische Kinder. Aber Flüchtlinge ganz ohne Sprachkenntnisse zu erreichen, sei *learning by doing* gewesen, sagt Hollstein. Wenn man so will aber auch *learning by learning*. Sie begann ein Studium, um die DaZ-Theorie nachzuholen, gründete ein regionales Netzwerk für die Lehrer aus den Vorbereitungsklassen und erstellte unterschiedlichste Tabellen und Präsentationen. Frau Hollstein ordnete das Integrationsexperiment mit Powerpoint und Excel.

Fünf Stunden am Tag, fünf Tage die Woche immer nur Deutsch?

Sie habe schnell gemerkt, dass die Schüler beides bräuchten, erzählt sie: in der Vorbereitungsklasse »mit Deutsch bombardiert zu werden«, aber auch die Abwechslung eines normalen Schulalltags, unterschiedlicher Fächer und Lehrer. Fünf Stunden am Tag, fünf Tage die Woche, immer nur ihr Gesicht, immer nur Deutsch, Deutsch, Deutsch: »Wenn ich an meine eigene Schulzeit zurückdenke, das wäre schlimm gewesen«, sagt sie. Frau Hollstein begann damit, individuelle Integrationspläne für ihre Schülerinnen zu erstellen, sobald sie an die Schule kamen, also nicht nur nach dem schwer prognostizierbaren sprachlichen Fortschritt, sondern auch nach Neigung und Notwendigkeit. Der sächsische Lehrplan für Vorbereitungsklassen – denn hier gibt es einen – half ihr dabei. Sie stellte den Neuankömmlingen Fragen: Was liegt ihnen, was interessiert sie? Wo wollen sie mal hin? Was ist besonders wichtig für ihren Abschluss? Dann legte sie einen klaren Zeitplan fest. Kein vages »mal schauen, wie es läuft« also, sondern ein forsches »los gehts!«.

In der Praxis konnte das bedeuten, dass ein Flüchtling schon nach ein paar Wochen in Mathematik und Englisch die Regelstunden besuchte, wieder ein paar Wochen später folgten dann Biologie, Chemie und Physik. Hollstein pinnte die penibel geführte Integrationstabelle im Lehrerzimmer an, damit die Kollegen stets im Blick hatten, wann welcher Schüler neu zu ihnen in den Fachunterricht käme, sich nicht überrumpelt, sondern mitverantwortlich fühlten. Ihre Idee war, die größten Probleme zu lösen, noch ehe sie entstehen. Der Zeitplan half gegen den Motivationsverlust, der sich einstellt, wenn der Wechsel in die Regelklasse bloß vage in der Zukunft schimmert, und der Schüler nicht weiß, wie und wann er ihn erreicht. Gleichzeitig signalisierte er: Du musst dich ab Tag eins total reinhängen, die nächste Herausforderung steht schließlich schon im Kalender. Ein anderes Problem ist der Wechselschock, der häufig auftritt, wenn eine Schülerin ein Jahr oder mehr nur den klar und bewusst formulierenden DaZ-Lehrer erlebt hat und dann reden im Regelunterricht die Fachlehrer superschnell oder mit Dialekt oder vernuschelt und sie versteht fast nichts. Was auch an den vielen neuen Fachbegriffen liegt.[3] Die Sorge, der ganze Einsatz sei umsonst gewesen, raubt dann schnell das Selbstbewusstsein. Die schnelle Integration auch in anspruchsvollen Fä-

---

3 Neben der anekdotischen Evidenz aus Gesprächen mit geflüchteten Schülerinnen und Schülern, Fachlehrerinnen und Fachlehrern, weisen auch punktuelle wissenschaftliche Befunde darauf hin, dass es in Vorbereitungsklassen nicht gelingt, auf die fachsprachlichen Erfordernisse im Regelunterricht vorzubereiten. – Vgl. Massumi, Mona (2019): Migration im Schulalter. Systemische Effekte der deutschen Schule und Bewältigungsprozesse migrierter Jugendlicher. Berlin, S. 106.

chern, sagt Hollstein, zeige ihren Schülern von Beginn an: »Es gibt noch viel, viel mehr zu lernen als das Deutsch in der Vorbereitungsklasse – aber wir helfen dir dabei!« Auch aus psychologischer Sicht dürfe man die Vorbereitungsklasse nicht zur dauerhaften Heimat erklären. Sie zu besuchen, das heißt ja auch, irgendwie ausgelagert zu sein. In der Schule, aber eben nicht ganz. »Du bist schon fast Regelschüler!«, lautet Frau Hollsteins Signal.

Nicht nur aus diesen Gründen, sagt Nora von Dewitz, die am Mercator-Institut für Sprachförderung und Deutsch als Zweitsprache der Universität Köln forscht, zeige das »teilintegrative Modell« wie in Chemnitz in der Praxis immer wieder Vorteile gegenüber Vorbereitungsklassen, die für ein Jahr oder länger komplett aussondern. Es erspare geflüchteten Schülerinnen, deren Biografien vielfach von Brüchen gekennzeichnet sind, einen harten Übergang und lasse sie früh die Mitschüler und Lehrer, aber auch die Abläufe der Regelklasse kennenlernen.

Der gezielte, strukturierte DaZ-Unterricht in den Vorbereitungsklassen – das wichtigste Argument für eine Auslagerung der Flüchtlinge – liest sich auf dem Papier zudem besser als er oft tatsächlich ist, selbst wenn die Lehrer topqualifiziert sind. Und zwar weil ständig Schüler neu dazukommen, Arash gerade bei Null anfängt, während Yasmina schon Aufsätze schreibt. Und weil Yusuf, zu Hause gefördert, neben Amina sitzt, die nie zur Schule gehen konnte oder durfte.

Für das »Sprachbad« wiederum, die sofortige totale Immersion in eine deutschsprachige Klasse, die auf der Annahme basiert, die Kinder saugten die Sprache ganz natürlich auf, gebe es zwar »theoretische Argumente«, sagt Sprachwissenschaftlerin von Dewitz. In der Praxis aber überfordere es meist. Das liegt auch an fehlenden Fördersystemen in der Schule, also etwa einem DaZ-Lehrer, der im Fachunterricht die Flüchtlinge sprachlich unterstützt.

Auch Frau Hollstein überfordert gewissermaßen ihre Schüler, wenn sie sie mit ihrem noch rudimentären Deutsch in die komplizierten Fächer schickt. Aber sie sieht die Sache so: Diese Überforderung komme früher oder später ohnehin, weil man die Flüchtlinge in den Vorbereitungsklassen eben nur sehr bedingt auf den Regelunterricht, nun ja, vorbereiten könne. Die motivierten Schüler profitierten davon, früh zu wissen, was sie erwartet; denn so gewinnen sie Zeit, sich an das Niveau heranzuarbeiten. Gleichzeitig hilft ihnen der Kontakt mit Muttersprachlern. Außerdem, sagt Hollstein, ließe man an der Oberschule am Flughafen die Flüchtlinge – aber auch die Fachlehrerinnen oder Regelschüler – mit den unvermeidlich auftretenden Überforderungen nicht allein.

Genau darauf kommt es an.

Die Flüchtlinge besuchen die Vorbereitungsklasse, nur eben nicht den ganzen Schultag lang. Und lernen dort, so gezielt wie es eben geht, nicht bloß die typischen Alltagsunterhaltungen wie im VHS-Kurs. Sondern relevante Vokabeln und Formulierungen für den aktuellen Stoff des Regelunterrichts, den sie ja bereits kennenlernen. Statt »Wie viel kostet ein Kilo Kartoffeln?« lieber »Pflanzen benötigen Licht für die Photosynthese«. Sie üben das Vokabular, über das die Schülerinnen und Schüler bei Mathematikaufgaben im Regelunterricht stolpern. Oder lernen Konstruktionen, die sie für Deutschaufsätze brauchen. Damit dafür genug Zeit ist, behält Hollstein ihre Schülerinnen und Schüler in typischen Einstiegsfächern wie Kunst und Musik lieber bei sich, wenn sie nicht gerade ein Instrument spielen oder gern malen. Denn wichtig für ihre Abschlüsse sind diese Fächer in der Regel nicht.

Diese gezielte fachsprachliche Arbeit in der Vorbereitungsklasse legt den Grundstein für einen erfolgreichen Übergang in den Regelunterricht. Aber das allein reicht nicht aus. Zunächst hatten sie an der Oberschule am Flughafen versucht, die

Migranten vor Schulbeginn, in der nullten Stunde ab 7:00 Uhr, und nach dem Schlussgong zu fördern. Aber das habe nicht funktioniert, sagt Schulleiterin Daniel:»Das war wieder so ein Sonderstempel.« Also gingen sie dazu über, in den Regelstunden selbst zu fördern. Die meisten Lehrerinnen hier unterrichten ihre eigenen Fächer und unterstützen zusätzlich in sogenannten Integrationsstunden ihre Kollegen. Manche arbeiten zu zwei Dritteln als Deutsch- und Ethiklehrerin und zu einem Drittel als Integrationslehrerin. Andere geben nur ihren eigenen Fachunterricht. Insgesamt 138 Integrationsstunden und 44 Sprachförderstunden stehen der Schule pro Woche zu, weil von den insgesamt 422 Schülerinnen und Schülern viele Hilfe brauchen, längst nicht nur die Flüchtlinge. So kümmert sich in gut jeder vierten Regelstunde ein Tandem um die Klassen.

Theoretisch stehen Schüler X mit der Lese-Rechtschreib-Schwäche vielleicht anderthalb Förderstunden zu, Schülerin Y aus Syrien eine und Schüler Z mit ADHS zwei. Zwar werden die Stunden auch entsprechend dieser Zuteilung auf die Klassen verteilt, aber im Alltag hilft man natürlich da, wo es gerade nötig ist. Während die Fachlehrerin die Stunde gestaltet, kümmert sich der Integrations- oder Sprachförderlehrer um einzelne oder kleine Gruppen. Das können die Flüchtlinge sein, die mit der Fachsprache hadern, oder Kinder, bei denen Zahlen Chaos im Kopf auslösen oder die nur stillsitzen können, wenn sie einen Erwachsenen neben sich haben. Die doppelte Aufmerksamkeit hilft erstens den Schülern, die mehr Fragen stellen können und mehr Anleitung bekommen (oft hat die zweite Lehrperson im Raum spezielle Kompetenzen wie DaZ- oder Inklusionsexpertise), und sie hilft zweitens auch den Fachlehrern. Sie haben mehr Zeit für die starken Schülerinnen, können im nötigen Tempo ihren Stoff durchziehen. Und die Pädagogen bekommen, wenn sie wollen, Rückmeldung zum eigenen Unterricht. Das ist etwas, was sonst in 40 Jahren Schuldienst womöglich nie passiert (von Prüfungen am Anfang der Laufbahn abgesehen).

Der Lehrer als Einzelkämpfer – manche wollen das so

»Bis heute mögen das nicht alle,«, erzählt Schulleiterin Daniel, »dafür muss man sich öffnen, und das liegt nicht jedem.« Als Lehrer sei man auf Einzelkämpfertum konditioniert. Daniel verfährt liberal: Wer keine Unterstützung will, bekommt auch keine. Manche hätten ihre anfängliche Scheu vor der vermeintlichen Beobachtung abgelegt und gemerkt, wie sehr es helfe, sagt sie. Je besser die Lehrer sich verstünden, je besser sie aufeinander eingespielt seien und je genauer sie sich absprächen, desto mehr gehe es in Richtung »Team-Teaching«, wo der Integrationslehrer nicht bloß Löcher stopft, sondern Teil des Unterrichtskonzepts ist.

Überhaupt, Teamarbeit. Ein Schulentwicklungsteam hat sich zum Beispiel die sogenannten Reflexionsstunden ausgedacht, eine Art Freiarbeit mit Konzept. In denen bekommen Schüler Aufgaben aus den Hauptfächern Mathematik, Englisch und Deutsch, die sie innerhalb von Wochen oder Monaten in selbst gewählter Reihenfolge bearbeiten und gegenseitig korrigieren, ehe die Fachlehrerinnen draufschauen. Dieses freiere Lernen, das viele Bildungsbürgerkinder für selbstverständlich halten, ist an Schulen mit vielen Migranten nicht die Regel. An der Oberschule am Flughafen nutzen sie diese Stunden auch, um der immer größer werdenden Heterogenität in den Klassen Herr zu werden. Die starken Schüler bekommen zusätzliche Aufgaben und haben mit der Fachlehrerin eine Ansprechpartnerin. Parallel kümmern sich Förderkräfte um die DaZ-3-Phase – so nennt man den zusätzlichen Deutschunterricht, nachdem die Flüchtlinge Regelschüler geworden sind. DaZ-3 ist vielerorts schwer umsetzbar, weil es Lücken in den

Fachunterricht reißt oder qualifizierte Lehrer fehlen. Aber es ist dringend nötig, weil die sprachlichen Nachteile der Flüchtlinge nicht verschwinden, wenn sie die Vorbereitungsklasse verlassen.

An der Chemnitzer Oberschule arbeiten nicht nur in den beiden Vorbereitungsklassen DaZ-Fachkräfte. Sprachliche Bildung ist Teil der Schulidentität geworden. Susan Findler zum Beispiel, die 2017 als Seiteneinsteigerin an die Schule kam, hat Germanistik mit dem Schwerpunkt Deutsch als Fremdsprache studiert und schon vor dem Schuldienst mehrere Jahre Flüchtlingen Deutsch beigebracht. In internen Fortbildungen an der Oberschule hat sie ihr Wissen an interessierte Kollegen weitergegeben. Eine weitere Kollegin ist Expertin für Leichte Sprache. Und in der Bibliothek des »Kompetenzzentrums für sprachliche Bildung«, von denen das Sächsische Kultusministerium fünf ins Leben gerufen hat – eines davon in der Oberschule am Flughafen –, kann jeder, der will, sich weiterbilden. Denn diese Erkenntnis ist in Chemnitz gereift: Das Integrationsexperiment betrifft alle. Wenn ein geflüchteter Schüler in die Regelklasse wechselt, hat er das Wort »Widerstand« mit Glück schon mal gehört, aber was bedeutet es im Physikunterricht? Sicher kennt er das Wort »geschlossen«, aber was heißt »daraus kann geschlossen werden«? Diese Feinheiten müssen auch die Lehrerinnen in den Regelklassen erklären können. Das muss man lernen. Und wollen.

Denn natürlich ist es auch eine Frage der Einstellung, ob man die neue Realität als Aufgabe oder als Problem betrachtet, weil sie Zeit und Nerven kostet – und das tut sie zweifellos. Oder als eine Möglichkeit, den Mikrokosmos Schule und sich selbst weiterzuentwickeln. Frau Daniel und viele aus ihrem Kollegium haben sich für den zweiten Weg entschieden. Es gibt Paten für Flüchtlinge, eine Interkulturelle AG, Feste, bei denen die Schülerinnen ihre Heimatländer vorstellen. Das ist mehr als bloße Symbolik. Internationale Studien zeigen konsistent, dass Integrationsprozesse von Migranten positiver verlaufen, wenn sowohl die aufnehmende, als auch die immigrierte Kultur anerkannt werden und Wertschätzung erfahren – und nicht etwa eine totale Anpassung eingefordert wird.[4] Klar ist aber auch: Willen und Engagement bringen wenig ohne Personal.

Die Schule als Kartenhaus: viele tragende Wände, aber fragil

»Unser Unterstützungssystem« nennt Daniel all jene Menschen, die an ihrer Schule arbeiten, aber keine Lehrer sind. Und ohne die all das, was gerade funktioniert, mindestens wackeln, eher einstürzen würde. Da ist die sogenannte Integrationsmittlerin, die zum Beispiel im Kontakt mit Zuwanderereltern steht – sie erledigt, was Lehrern an anderen Schulen viel Zeit raubt, weil Dolmetscher organisiert und Termine koordiniert werden müssen. Da sind die sogenannte Inklusionsassistentin und eine Förderschullehrerin, die für ein paar Stunden in der Woche kommt. Die Schulsozialarbeiterin, die viel dafür tut, dass Klassengemeinschaften zusammenwachsen. Dazu ein Schulassistent und ein FSJ-ler, die den Lehrkräften Arbeit abnehmen und als zweite Kraft mit in den Unterricht gehen. Bis auf die Schulsozialarbeiterin seien all diese Stellen auf ein oder zwei Jahre befristet, sagt Daniel. Die Sprach- und Integrationsstunden, von denen letztlich ja alle profitieren, würden jedes Jahr neu berechnet.

Die individuelle Förderung der Schülerinnen und Schüler hängt somit am seidenen Faden der Unwägbarkeit befristeter Stellen und der Unwägbarkeit von Haushaltsverhandlungen.

---

4 Vgl. Nguyen, Angela-MinhTu D. / Benet-Martínez, Verónica (2013): Biculturalism and Adjustment: A Meta-Analysis. In: Journal of Cross-Cultural Psychology 44(1) S. 122–159.

»Sachsen hat erkannt, dass die Schulen Hilfe brauchen. Es hat diese ganzen Systeme anlaufen lassen«, sagt Daniel. »Hoffentlich hat man auch verstanden, dass sich an der Situation vorerst nichts ändern wird.« Die vielen Ebenen, die hier an der Oberschule ineinandergreifen und erst als Gesamtkonstrukt Erfolge sichern, muss man sich als ein Kartenhaus vorstellen: viele tragende Wände – aber sehr fragil. Aktuell verlässt die Mehrheit der zugewanderten Schülerinnen und Schüler das Kartenhaus mit Abschlüssen. In diesem Jahr rechnen sie mit neun mittleren und sechs Hauptschulabschlüssen, wobei drei der Hauptschüler auf der Kippe stünden. Im letzten Jahr schafften sechs von acht einen Abschluss, mehrere Einser-Zeugnisse habe es schon gegeben.

Es scheint hier vor allem dank der langfristigen Förderung weit über die Vorbereitungsklassen hinaus zu gelingen, woran viele andere Schulen scheitern: Flüchtlinge schaffen immer wieder den Aufstieg von einem Bildungsgang in den nächsthöheren. So wie ein syrisches Mädchen in diesem Jahr, das immer ein Wörterbuch dabei hat: In der fünften und sechsten Klasse war sie teilintegriert, in der siebten und achten im Hauptschulzweig, zur neunten dann gelang der Sprung in die Realschulklasse. Diese Durchlässigkeit ist ein zentrales Versprechen der deutschen Bildungspolitik. Nur so lässt sich rechtfertigen, Kinder bereits nach vier (oder sechs) Schuljahren auf langfristige, vielleicht lebenslang prägende Pfade zu setzen: Hauptschul-, Realschul- oder Gymnasialzweig. Schulen, die zu mehreren Abschlüssen führen und den Weg länger offenhalten, sind in den meisten Bundesländern zwar lange schon Teil der Antwort auf dieses selbst verursachte »Problem«, das homogenere Klassenzimmer schafft, aber immer auch ungerecht war. Doch längst nicht genug Spätzünderinnen oder Falscheingeschätzten gelingt, einmal einsortiert, der Aufstieg zum höheren Abschluss. Oft genug, weil Startnachteile nicht ausgeglichen werden und die Lernbedingungen in Hauptschulzweigen besonders schlecht sind. Nun sind Flüchtlinge als Nichtmuttersprachler a priori Spätzünder mit Startnachteilen, die meist ganz unten einsortiert werden, egal was sie auf dem Kasten haben. Damit das Integrationsexperiment überhaupt gelingen kann, braucht es also eine hohe Durchlässigkeit. Vor allem die Klugen müssen darauf vertrauen, dass ihre Begabungen trotz ihrer Sprachprobleme entdeckt werden.

Das wiederum finden viele Lehrer extrem schwierig. Von den Kultusministerien bekommen sie dafür, obwohl es sie gäbe, kaum Werkzeuge an die Hand (siehe Kapitel 5). Frau Hollstein entwickelte daher ein eigenes Bewertungsschema. Mit den vom sächsischen Landesamt für Schule und Bildung vorgefertigten Textbausteinen, aus denen man sich die Sprachzeugnisse für die Migranten per Copy-and-paste zusammenbasteln kann, fiel es ihr schwer, die womöglich weitreichende Entscheidung für eine Hauptschul- oder Realschulklasse zu fällen. In sieben Kategorien, von Auffassungsvermögen über Motivation bis zur Aufmerksamkeit im Unterricht, macht sie Kreuzchen bei gut, mittel oder schlecht. Und nimmt die mit zu den Fachlehrern, die den Schüler oder die Schülerin schon aus dem Unterricht kennen, um ihre Eindrücke abzugleichen. So versucht sie, ihrem Bauchgefühl ein System zu geben. Dem Landesamt fielen Frau Hollsteins Engagement und ihre Ideen auf. Seitdem schickt es neue Lehrerinnen und Lehrer, die Vorbereitungsklassen übernehmen, zu ihr. So lernt das System.

Integration funktioniert dann, wenn den Schulen, die sie leisten sollen, mindestens dasselbe zugestanden wird wie den Gymnasien der Bildungsbürgerkinder, oder besser noch: deutlich mehr. Das Wichtigste ist ausreichend qualifiziertes Personal. Wenn dieses auch noch als Team funktioniert, ist schon viel erreicht. Zudem muss sich eine Kultur entwickeln, die konstruktiv auf die Realität reagiert und nicht nur lamentiert.

Stress gibt es auch in Chemnitz

Natürlich läuft auch heute noch längst nicht alles glatt an der Oberschule. Ein vormals gut integrierter syrischer Sechstklässler droht zum Beispiel völlig zu entgleiten. Er brachte Rasierklingen mit in die Schule, stachelt Mitschüler gegeneinander auf, versucht einen anderen, gut integrierten Flüchtling aus seiner Klasse zu provozieren; niemand kommt mehr an ihn ran. In einer der neunten Klassen sitzt eine Handvoll Jungs, die mit Sprüchen gegen Muslime auffallen. Auch die Belastungssituation im Lehrerzimmer beschreibt Kerstin Daniel als »extrem«. Die Engagierten stolperten völlig erschöpft in die Ferien, erzählt eine Lehrerin, ein paar Ältere freuten sich nur noch auf den Ruhestand. Und auch rein schulisch, sagt Daniel, blieben die Erwartungen bescheiden. »Wenn die Schüler zu alt sind, haben wir keine Chance«, sagt sie. Sie könne keinen, der mit 15 oder 16 kommt, in die sechste oder siebte Klasse stecken, vom Klassengefüge her. Starteten sie aber mit ihren Altersgenossen in der neunten oder zehnten Klasse, reiche die Zeit nicht. Nora von Dewitz von der Universität Köln bestätigt das: Kämen Schüler kurz vor Ende der Schulpflicht nach Deutschland, seien Abschlüsse auf allgemeinbildenden Schulen »meist unrealistisch«. Nur wenige können innerhalb von ein paar Jahren ein Sprachniveau erreichen, das für schulische Prüfungen nötig sei.

Frau Daniel sagt: »Je jünger die Schüler sind, wenn sie zu uns kommen, desto besser klappt es«. Das ist eine der wenigen Faustformeln des Integrationsexperiments, der sich jeder anschließen kann.

8 BEI DEN KLEINEN LÄUFTS VON SELBST. ODER?

Flüchtlinge in der Grundschule

Carsten Linnemann, Vize-Vorsitzender der Unionsfraktion im Bundestag und Vorsitzender der Wirtschaftsunion, ein Mensch mit Einfluss und Sachverstand, sagte in einem Interview in der *Rheinischen Post* im Sommer 2019 zwei bemerkenswerte Sätze: »Ein Kind, das kaum deutsch spricht und versteht, hat auf einer Grundschule noch nichts zu suchen. Hier muss eine Vorschulpflicht greifen, notfalls muss seine Einschulung auch zurückgestellt werden.«[1] Es reiche nicht, Vierjährige auf ihre Sprachkenntnisse zu testen, wenn aus den Ergebnissen keine Konsequenzen gezogen würden.

Wollte da jemand die Schulpflicht für Migranten abschaffen? Da der Politiker zudem Kinder, die schlecht Deutsch sprechen, salopp mit zwei kurz zuvor verübten Morden durch einen Eritreer und einen Jordanier zusammengerührt hatte, dauerte es nicht lange, bis man ihm Populismus, auch Rassismus vorwarf. Und in der Tat argumentierte Linnemann mehr als unglücklich: Wenn Migrantenkinder zu schlecht Deutsch können, dann sinkt das Niveau in den Klassen, dann schicken die Biodeutschen ihre Kinder auf Privatschulen, dann entstehen Parallelgesellschaften, dann kommt es zu Mord und Totschlag – so klang das in etwa. Neben die nachvollziehbare, aber fruchtlose

---

1   Bröcker, Michael: »Ein Kind, das kaum deutsch spricht, hat auf einer Grundschule noch nichts zu suchen«. In: Rheinische Post, 06.08.2019: https://rp-online.de/politik/ deutschland/carsten-linnemann-die-union-wird-sich-gegen-eine-co2-steuer-aussprechen_aid-44771821 (zuletzt abgerufen am 01.05.2020).

Aufregung trat schnell auch eine inhaltliche Diskussion. Quer durch Redaktionen, Lehrerzimmer und Elternchats diskutierte man mehr oder weniger offen: Hat Linnemann mit seiner Forderung vielleicht recht?

Bemerkenswert waren seine Thesen auch deshalb, weil sie mit einer vermeintlichen Gewissheit brachen, die man in den Jahren zuvor, als die Flüchtlinge an die Schulen kamen, erstaunlich oft gehört hatte. Nämlich, dass die Älteren die schwierigen Fälle seien und es bei den Kleinen dagegen schon klappen werde. Und es klingt ja auch plausibel: Je jünger ein Kind ist, wenn es an eine deutsche Schule kommt, desto mehr Jahre bleiben ihm, um die Sprachnachteile wettzumachen, logisch. Und desto schwammartiger arbeitet das Gehirn, es saugt Eindrücke aus der Umwelt einfach so auf, lernt spielerisch, nicht systematisch, begreift nachahmend, nicht paukend. Gerade deshalb hatte sich der Konsens durchgesetzt, dass bei den Kindern unter den Flüchtlingen nichts wichtiger sei als der sofortige Kontakt zu deutschsprachigen Mitschülern. Zwar unterscheiden sich die Ansätze der Bundesländer auch an der Grundschule, bei Erstklässlern sind Vorbereitungsklassen ohne Kontakt zu deutschen Mitschülern aber selten.

Nora von Dewitz, die Sprachwissenschaftlerin von der Uni Köln, findet das richtig. Allein schon, weil nicht nur die Flüchtlinge, sondern auch viele deutsche Kinder das Alphabet erst noch lernten; aber auch, weil der Spracherwerb ohne Grammatikbuch in diesem Alter eben besser funktioniert. Überhaupt sei das Alter ein wichtiger Faktor, wenn es darum geht, wie schnell man Deutsch lernen könne. Wie lang es dauert, bis ein Kind eine zweite Sprache so gut beherrscht, dass es sich nicht nur fließend unterhalten, sondern auch Bildungssprache, Fachbegriffe, Idiome sprachlich und schriftlich verstehen und anwenden kann, hängt – natürlich – von unzähligen Faktoren ab. Ein viel zitiertes Modell des emeritierten Bildungsforschers

Jim Cummins von der Universität Toronto geht etwa von fünf bis sieben Jahren aus. Zwar könne man, sagt von Dewitz, weder für Kinder im Allgemeinen noch für Flüchtlinge im Speziellen pauschale Aussagen treffen, im Schnitt aber gelte: »Je jünger ein Kind ist, wenn es mit einer neuen Sprache in Kontakt kommt, desto einfacher wird es.« Die Pubertät gilt als verdächtige Grenze, nach der das Erlernen einer Sprache ungleich schwerer fällt; diese Hypothese der *critical period* ist wissenschaftlich allerdings umstritten.

Je älter bei der Einreise, desto seltener auf dem Gymnasium

Erste Befunde zum Schulerfolg geflüchteter Schülerinnen und Schüler scheinen indes zu bestätigen: Die Jüngeren haben bessere Aussichten auf Erfolg. Die Wahrscheinlichkeit, es mindestens auf eine Realschule zu schaffen, sinkt mit jedem zusätzlichen Lebensjahr bei der Einreise um 2,4 Prozentpunkte.[2] Konkret heißt das: Die Chancen, auf eine Realschule oder ein Gymnasium zu kommen, liegen für eine Geflüchtete, die mit acht Jahren nach Deutschland eingereist ist, um knapp 15 Prozentpunkte höher als für eine, die erst mit 14 angekommen ist. Ob das nun an einem schnelleren Spracherwerb liegt oder vielleicht (auch) daran, dass der Übergang von der Grundschule auf eine höhere Schulform leichter gelingt als aus einer Vorbereitungsklasse, geht aus der Erhebung nicht hervor. Dennoch passt das Ergebnis zur gefühlten Wahrheit, die man immer wieder aus Lehrerzimmern hört.

Ist Linnemann damit widerlegt? Nein, denn bereits im Kitaalter gehen erste Prozesse der Sprachentwicklung zu Ende,

---

2   Vgl. BAMF (2019): Ankommen im deutschen Bildungssystem. Bildungsbeteiligung von geflüchteten Kindern und Jugendlichen. BAMF-Kurzanalyse 2/2019, S. 11 f.

wie man aus der Forschung weiß. Der Besuch einer deutschen Kita vor dem dritten Lebensjahr erhöht stark die Wahrscheinlichkeit, später ein Gymnasium besuchen zu können, ganz besonders bei Kindern von Migranten.[3] Und selbst die Kinder aus der zweiten Einwanderergeneration, hier geboren und aufgewachsen, haben ja, wie schon dargelegt, zum Teil dramatisch schlechtere Sprachkenntnisse. Das zeigen nicht nur die erwähnten Wortschatztests, sondern auch nationale (z. B. Bildungstrends 2016) und internationale Grundschulstudien (z. B. Iglu). Bei den Leseleistungen liegen Migrantenkinder in der vierten Klasse bereits gut ein Schuljahr hinter dem Durchschnitt. Dass die Gründe dafür auch in sozioökonomischen Nachteilen zu suchen sind, ändert an der Tatsache nichts. Bei den Flüchtlingen müsste man nun erwarten, dass auf sie diese Nachteile ganz besonders zutreffen, bedeutet Fluchtmigration doch meistens, Beruf und Einkommen sowie einen Teil seiner kulturellen Identität zu verlieren. Weitere wichtige Faktoren, wie das Wohnen auf sehr engem Raum, häufige Umzüge, ständige Unsicherheit wegen unklarer Bleibeperspektiven oder der Umstand, grausame Erlebnisse ohne therapeutische Begleitung verarbeiten zu müssen, kommen bei einigen erschwerend hinzu.

Was alles in allem bedeutet: Bei den Kleinen klappt es eben nicht von selbst. Sie sind nur die Gruppe, bei der man mit früher Förderung besonders viel erreichen kann. Bei Linnemann war nun von Förderung zwar höchstens implizit die Rede, und um Flüchtlinge ging es ihm ebenfalls nicht explizit. Dass allein in den Jahren 2015 und 2016 für mehr als 160 000 Kinder unter sechs Jahren Asylanträge gestellt wurden, machte seine Aussagen aber noch virulenter. Anders gesagt: Sein Einwurf zielte mitten in die Realität vieler Klassenzimmer.

---

3 Vgl. Fritschi, Tobias / Oesch, Tom (2008): Volkswirtschaftlicher Nutzen von frühkindlicher Bildung in Deutschland. Eine ökonomische Bewertung langfristiger Bildungseffekte bei Krippenkindern. Kurzfassung. S. 13 f.

Während in der Integrationsdebatte vor lauter Geschrei oftmals kaum Verständigung möglich ist – oder auch nur der Austausch von Argumenten –, entbrannte in den Wochen nach dem Interview eine kontroverse und differenziert geführte Diskussion. Auffällig war zum einen, dass Zugehörigkeiten zu Interessengruppen oder Parteien dabei keine klaren Fronten bildeten und man zwar Linnemanns Wortwahl hart kritisierte und über seine These, Kinder später einzuschulen, stritt. Seiner Diagnose aber – zu viele Kinder sprechen bei der Einschulung zu schlecht Deutsch und das ist ein Problem – stimmte man nahezu uneingeschränkt zu. Zum anderen fiel auf, wie klar die Wissenschaft, ob Bildungsforscherinnen oder Linguisten, Linnemanns Vorschlag für falsch hielten – und wie viele Lehrerinnen und Lehrer, aber auch Eltern, für richtig. Es tat sich ein Graben auf, der in Schulfragen oft sichtbar wird: zwischen dem, was theoretisch richtig ist, und dem, was praktisch möglich ist.

»Es ist vor allem belastend. Und selten bereichernd.«

Harald Höfler nennt sich selbst einen alten Sozi. Seit 40 Jahren sitzt er für die SPD im Gemeinderat von Heitersheim, einer Kleinstadt südlich von Freiburg. Momentan spiele er, wie er sagt, auch noch den Aushilfssheriff, seit eine Provinzposse den Ort ohne Bürgermeister zurückgelassen hat. Also macht es jetzt Höfler. Unweit vom Ortskern wurde er Mitte der 1950er-Jahre geboren. Sein Vater schlief nie, arbeitete immer, nachts als Bergmann im Kali, tags als Bauer auf dem Feld. Höfler schaffte es als erster seiner Familie auf die Universität, 2022 geht er als Rektor in den Ruhestand. Aufstieg durch Bildung.

Als Leiter der einzigen staatlichen Grundschule in der Nachbargemeinde Bad Krozingen, zu der auch eine Werkrealschule gehört, kennt Höfler im Grunde alle Eltern der Stadt. Viele von denen, die jetzt ihre Kinder einschulen, hat er früher selbst un-

terrichtet. Als Arbeiterkind wiederum weiß er, welches Versprechen Schule sein kann. Aber wenn Höfler anfängt, über Schule
und Integration zu reden, lässt er sich kaum noch einfangen. »Es
wird vieles schöngeschrieben und schöngeredet mit den Flüchtlingen. In den Medien und auch bei uns in der Partei. Alle Kinder
gehen ihren Weg und sind hoch motiviert, das stimmt halt nicht.
Unsere Arbeit ist total herausfordernd, oft frustrierend. Dieser
Teil der Realität kommt mir viel zu kurz. Für die Klassenlehre-
rinnen in der Grundschule ist das vor allem belastend. Und selten bereichernd.« Die Kinder seien natürlich willkommen, die
könnten am allerwenigsten etwas dafür, betont Höfler. Aber der
Diagnose des Konservativen Carsten Linnemann stimmt der Sozi
uneingeschränkt zu. Die Unterschiede zwischen den Kindern
seien schon bei der Einschulung riesig. Und dann wüchsen sie
mit jedem Tag weiter: »Manche unserer Eltern arbeiten als Ärzte
am Herzzentrum der Stadt, andere haben in ihrem Heimatland
nie eine Schule von innen gesehen. Um diese Unterschiede auszugleichen, bräuchte es nicht politisch korrekte Aussagen, sondern gutes Personal.« Psychologen und Sozialarbeiter wären
toll, aber schon am Grundlegendsten mangele es: »Wir finden
immer schwerer Lehrer. Lehrerinnen mit DaZ kann man gleich
vergessen. Wir haben bis zu 28 Kinder in einer Klasse. Und unter ihnen sitzen immer mehr, die schon ein Problem-Päckchen
auf dem Rücken tragen, bevor das Leben überhaupt richtig los-
geht. Wie sollen wir all diesen Bedürfnissen gerecht werden?«

Ein Blick in die 1b. Eulen und Pinguine kleben an den Fens-
terscheiben, die Laute der Woche, »z« und »ie«, hängen am
Board, daneben Zahlen und Rechenzeichen, hinten im Raum
versteckt sich eine Leseecke. In der ersten Klasse von Linda
Hohwieler sitzen heute Morgen 21 Kinder. Sie tragen Tutu,
Fuchs-Pullis und Namen, die unterschiedliche Milieus vermuten lassen. Zwei der Kinder sprechen kaum Deutsch: ein
scheues Mädchen und ein Zappelphilipp, die zwischen vie-

len hell- und dunkelblonden Schöpfen sitzen. Hohwieler ruft alle Kinder nach vorn, im Halbkreis sitzend recken sie ihre Arme, wollen drangenommen werden. Als Bilal in fehlerhaftem Deutsch antwortet, lacht ein Junge; Hohwieler ermahnt ihn streng. Später, es kritzelt und rubbelt arbeitsam in Rechenheften, geht sie von Kind zu Kind, kniet sich vor Tische, kaum einer macht Quatsch. Eine zweite Frau hat sich zu Roza aus dem Irak gehockt, flüstert ihr zu. Es wirkt wie ein Lernparadies.

Die Starken oder die mit Sprachproblemen: eine Gruppe steckt immer zurück

Für Linda Hohwieler fühlt es sich nicht so an. Sobald sie neue Aufgabentypen in Mathematik einführe, sehe es ganz anders aus, weil Bilal und Roza sie nicht verstünden. Im Deutschunterricht fehle ihnen permanent der nötige Wortschatz. Die Frau, die Roza im Unterricht geholfen hat, sei eine Mutter aus der Klasse, eine Sozialpädagogin auf Jobsuche, die ihre Zeit sinnvoll nutzen will. Zufall also. In der Regel sei sie allein. »Ich kann entweder die unterstützen, die mich nicht gut verstehen. Mich danebensetzen, Wörter erklären oder auch mal üben, wie man eine Schere hält.« Dann habe sie nicht genug Zeit für den Rest. »Also die anderen, die Hilfe bräuchten, und die besonders starken Schüler, die ich natürlich auch fördern soll.« Wenn sie sich um alle kümmere, reiche es wiederum nicht für die beiden, die kein Deutsch können. Darauf läuft es oft hinaus. Die 1b ist Hohwielers erste eigene Klasse nach dem Referendariat. Im Flüchtlingssommer 2015 studierte sie noch an der Pädagogischen Hochschule Karlsruhe. Doch schon jetzt, sagt sie, könne sie eine Fortbildung gebrauchen. Vor allem aber einen zweiten Pädagogen in ihrem Unterricht.

Etwa 40 der rund 380 Grundschüler an der Johann-Heinrich-von-Landeck-Schule in Bad Krozingen bekommen Deutschförderstunden, die sechs Lehrerinnen unter sich aufgeteilt haben, darunter auch Frau Hohwieler. Roza und Bilal zum Beispiel wurden am Morgen um 8:30 Uhr von Frau Kempf für zwei Stunden aus dem Unterricht geholt. Da gehen dann zwei kleine Gestalten unter überdimensionierten Schulranzen an der Hand der Lehrerin in einen großen hellen Raum, ein Junge aus Rumänien aus einer Parallelklasse, der sich kaum zu sprechen traut, ist der Dritte im Bunde. Sie üben, sich vorzustellen, Zahlen und Farben zu benennen. Kindergartenstoff. Frau Kempf lobt viel, und man merkt, dass es wirkt: Die Kinder, zu Beginn scheu, scheinen sich langsam aus einer Schutzschale zu befreien, beginnen zu lächeln, Mut zu fassen. Später, bei einem Begriffsspiel – wer als erster eine Gemüsesorte richtig benennt, bekommt die Karte – rufen sie wild durcheinander (»Zwiebel« weiß niemand, »Karotte« jeder); beim Lied vor der Pause singen sie laut mit.

An diesem Mittwoch verpassen Roza und Bilal Religion und Sport. Zu Beginn des Schuljahres seien insgesamt sechs Förderstunden die Woche für sie eingeplant gewesen. Aktuell bekommen sie vier, wenn es gut läuft. Vom Schulamt hätten sie die Vorgabe erhalten, die Stunden verstärkt auf die Zweit- bis Viertklässler zu verteilen, weil die es nötiger hätten. Weder Frau Kempf noch Frau Hohwieler haben den Eindruck, dass es so für die Erstklässler reicht. Zumindest nicht für schwächere Schüler. Die Farben etwa üben sie seit September, mittlerweile ist Februar. In den vier Wochen vor Weihnachten habe der Unterricht wegen Krankheitswellen kaum stattgefunden, sagt Frau Kempf, teilweise lagen mehrere Wochen zwischen den Stunden, so bliebe fast nichts hängen.

Zwar heiße es vom Schulamt, die Deutschförderung habe Priorität. »Aber wenn mehrere Klassenlehrer gleichzeitig ausfallen, ist doch klar, dass ich nicht 20 verwaiste Kinder mit Arbeitsblättern ruhigstelle, und nebenan werden drei Kinder von einer Pädagogin betreut«, sagt Schulleiter Höfler. Am Tag darauf fehlen wie zum Beweis sieben Vollzeitkräfte, der ausgedruckte Vertretungsplan hängt meterlang im Lehrerzimmer. »Glauben Sie, an Tagen wie heute könnte man irgendein Kind individuell fördern?«, fragt Höfler rhetorisch. An seiner Schülerliste lässt sich ein weiteres, bekanntes Problem ablesen: Aus jeder der vier ersten Klassen ist ein syrisches Kind während des Schuljahrs in Nachbargemeinden umgezogen, fängt dort wieder von vorn an. Gleichzeitig wurden seit den Sommerferien in jedem Monat neue Schülerinnen und Schüler ohne Deutschkenntnisse an der Schule angemeldet. Auch deshalb sei kontinuierliche Arbeit kaum möglich. Höflers Liste lässt sich außerdem entnehmen: Im völlig überlaufenen Hort haben nur zwei der 43 Kinder, die Sprachförderung bekommen, täglich einen Platz.

Alltag: zu wenig Lehrer, zu wenig Deutschförderung

Deutschstunden, die aus Personalnot ständig ausfallen. Keine Förderung während des Unterrichts, ohne dass andere Kinder zu kurz kämen. Kaum multiprofessionelle Teamarbeit. Wenig bis keine Betreuung für Flüchtlinge am Nachmittag. Ob eine Situation wie an der Johann-Heinrich-von-Landeck-Schule eher die Regel oder eher die Ausnahme ist, darüber gibt es keine umfassenden Erhebungen. Die punktuelle und anekdotische Evidenz aber wirkt eindeutig. Eine Auswertung des Deutschen Instituts für Wirtschaftsforschung zeigt etwa, dass nicht einmal die Hälfte aller geflüchteter Grundschulkinder Sprachförderung bekommt, was die Laissez-faire-Haltung bei den Kleinen belegt und im Grunde genommen skandalös ist.[4] Bloß: Wer

---

4 Vgl. Gambaro et al.: Viele Kinder von Geflüchteten besuchen eine Kita oder Grundschule – Nachholbedarf bei den unter Dreijährigen und der Sprachförderung von Schulkindern. DIW Wochenbericht Nr. 19/2017, korrigierte Fassung vom 2. Mai 2018, S. 386.

soll es machen? Das bevölkerungsreichste Bundesland etwa, Nordrhein-Westfalen, hat zwischen 2015 und 2017 genau 961 DaZ-Fachkräfte eingestellt, wie es aus dem Schulministerium heißt – für alle Schulformen. Im selben Zeitraum wurde dort für 55 523 Kinder und Jugendliche zwischen 6 und 16 Jahren ein Asylantrag gestellt, was einem Verhältnis von 1 : 58 entspricht, EU-Migranten noch nicht einmal eingerechnet.

Klar, der Pädagogenmarkt war leer. Aber wer es mit sprachlicher Bildung ernst meint – und offiziell tun dies die Kultusministerien der Bundesländer[5] –, der müsste seine Beamten flächendeckend weiterbilden. Zumal das Durchschnittsalter vieler Lehrerkollegien hoch ist und sich die Bildungsrepublik seit dem letzten Proseminar vieler Studienrätinnen stark gewandelt hat.[6] Daten darüber, wie viele Lehrer zu DaZ-Kräften weitergebildet wurden, liegen dem Schulministerium in NRW aber gar nicht vor. Sachsen wiederum berichtet von insgesamt nur 190 Lehrkräften und Seiteneinsteigern, die seit 2015 DaZ-Zusatzausbildungen und Fortbildungskurse absolviert hätten (hier konzentrieren sich die Flüchtlinge aber primär an sogenannten Schwerpunktschulen). Über regionale und schulinterne Weiterbildungen hat man dort ebenfalls keinen Überblick. Dies sind keine Ausnahmeerscheinungen: Nur jede vierte Schule in Deutschland bot ihrem Kollegium im Jahr 2016 DaZ-Fortbildungen an.[7] Und das, obwohl sich Lehrerinnen und Lehrer schon lange vor der Flüchtlingskrise nur schlecht für den Unterricht

---

5 Die KMK veröffentlichte im Dezember 2019 einen gemeinsamen Beschluss mit dem Titel »Bildungssprachliche Kompetenzen in der deutschen Sprache stärken« in dem man anerkannte, dass die »bildungspolitischen Herausforderungen erweiterter Antworten und Lösungen bedürfen«.

6 Laut Daten der OECD (2017) lag das Durchschnittsalter von Lehrern in den Sekundarstufen I und II im Jahr 2015 bei 47 Jahren. 41 Prozent der Grundschullehrerinnen waren 50 Jahre und älter: Bildung auf einen Blick, S. 501 ff.

7 Vgl. Anger, Christina / Geis-Thöne, Wido (2018): Integration von Kindern und Jugendlichen mit Migrationshintergrund. IW-Analysen 125, S. 42.

in einer Einwanderungsgesellschaft vorbereitet fühlten.[8] In dieser Gemengelage erscheint ein Urvertrauen in die Lernfähigkeit junger Gehirne fahrlässig.

Auch Schulleiter Harald Höfler sagt zwar: »Bei den Kleinen ist es einfacher als bei den Großen an der Werkrealschule.« Und im Vergleich mit anderen Städten in Deutschland, Bremen zum Beispiel, ist Frau Hohwieler in Bad Krozingen in einer Luxussituation. Nur zwei Schülerinnen und Schüler, die nicht gut Deutsch können? Immerhin vier Stunden Sprachförderung die Woche? Viele Grundschullehrerinnen in Deutschland würden vermutlich liebend gern mit ihr tauschen. Aber was bedeutet es, wenn eine Lehrerin selbst in einer vergleichsweise komfortablen Lage das Gefühl hat, sie schleppe hier zwei Kinder irgendwie durch, vermutlich bis zur Hauptschulempfehlung? Wer weiß, vielleicht sprechen auch Bilal und Roza in zwei Jahren fließend Deutsch. Dass Einzelnen schnelle, große Sprünge gelingen, es in der zweiten, dritten oder auch erst vierten Klasse plötzlich Klick macht, hört man häufig, auch hier.[9] Aber die Annahme, es laufe von selbst, ist Unsinn. Und nach allem, was man in Deutschland über Migration und Bildung weiß, das Rezept für ein Desaster.

---

8 Vgl. Sachverständigenrat deutscher Stiftungen für Integration und Migration (2016): Lehrerbildung in der Einwanderungsgesellschaft. Qualifizierung für den Normalfall Vielfalt. Policy-Brief des SVR-Forschungsbereichs 2016–4, S. 6.

9 Im Gespräch mit Lehrerinnen begegnet einem immer wieder die Sorge, die Begabungen von Flüchtlingskindern nicht richtig einschätzen zu können. Weil die Frage, ob ein Kind dem Unterricht aus sprachlichen oder kognitiven Gründen nicht immer folgen kann, schwierig zu beantworten ist. Gerade die Anfangszeit, wenn die Sprachprobleme groß sind, kann dabei zu pessimistisch machen. Eine Grundschullehrerin aus Kirchhain in Hessen erzählte mir über einen tschetschenischen Flüchtlingsjungen: »Als er aus der Vorbereitungsklasse zu mir in die dritte Klasse kam, habe ich gedacht, der ist hier falsch. Er konnte das Einmaleins nicht, das hatten die nicht gemacht, sein Deutsch war auch viel zu schlecht. Mir war klar, der muss das Schuljahr wiederholen. Bis ich gemerkt habe: der ist schlau, das wird klappen, ist ungefähr ein halbes Jahr vergangen, in dem ich mich fast jeden Tag in der Pause mit ihm hingesetzt habe. Zum Halbjahr in der vierten habe ich seine Anmeldung für das Gymnasium ausgefüllt.«

In Hamburg hat man mit der Vorschulpflicht Erfolg

Womit wir wieder bei Carsten Linnemann wären, der ja genau genommen zwei Vorschläge unterbreitet hatte. Einer davon, die Rückstellung von der Einschulung, ist aus wissenschaftlicher und auch integrationspolitischer Sicht indiskutabel. Kinder, die bis zum sechsten Lebensjahr in ihrem Umfeld nicht richtig Deutsch gelernt haben, werden mit sieben nicht plötzlich flüssig parlieren, sondern vielmehr mangels Schule weiter an Boden verloren haben. Dieser Vorschlag produzierte unter dem Schlagwort »Grundschulverbot« Schlagzeilen und machte viel Wind. Der andere hingegen – eine Vorschulpflicht bei mangelndem Deutsch – erscheint sinnvoll und seine Wirksamkeit lässt sich zumindest punktuell belegen.

Längst prüfen die Bundesländer die Sprachkenntnisse von Kindern vor der Einschulung, genau genommen verpflichtete man sich nach dem PISA-Schock dazu und setzte es dann in der traditionellen Behäbigkeit um. In welchem Alter und mit welchen Methoden diese Tests stattfinden, dafür gibt es, man ahnt es, weit mehr als 16 Varianten. Man verpasste nicht nur, sich auf Standards zu einigen, sondern auch auf Konsequenzen bei mangelhaftem Deutsch – wie etwa eine Vorschulpflicht.

In Hamburg hat man sie eingeführt. Hier testet man seit 2005 alle Schülerinnen und Schüler mit viereinhalb Jahren, ob sie sprachlich fit genug für die Grundschule sind. Sind sie es nicht, was für etwa jeden siebten gilt, wird eine Sprachförderung Pflicht. Sie findet in Vorschulklassen oder vereinzelt auch in Kitas statt. Und siehe da: sie wirkt. Hamburg schneidet bei Lesevergleichen mittlerweile deutlich besser ab als die anderen Stadtstaaten Berlin oder Bremen, überholte auch Nordrhein-Westfalen und Rheinland-Pfalz. Dass Hamburg zudem pro Grundschülerin über 60 Prozent mehr Geld ausgibt als der Bundesschnitt,[10] es flächendeckend Ganztagsangebote gibt, man seit Jahren gezielte Leseförderprogramme einsetzt und Schulen in schwierigen Vierteln deutlich besser ausstattet, scheint sich auszuzahlen.

Darauf angesprochen, was sie sich wünsche, sagt Frau Hohwieler aus Bad Krozingen: »Ein gesichertes Kindergartenjahr vor der Einschulung. Nicht nur wegen der Sprache.« Manche Kinder wüssten nicht, wie man einen Stift richtig hält, hätten noch nie etwas ausgeschnitten oder aufgeklebt; auch das hört man aus Grundschulen, egal ob in Bremen, Hessen oder Bayern, immer wieder. Das klingt harmlos, illustriert aber, wie unterschiedlich schulreif Erstklässler sind. Natürlich gilt dies nicht nur für Flüchtlinge, aber sie sind besonders gefährdet. Fluchterfahrung, Massenunterkunft und Bastelstunde sind keine Dinge, die spielend leicht zusammenfinden. Immerhin: fast vier von fünf geflüchteten Kindern zwischen drei und sechs Jahren besuchen eine Kita (von allen Kindern in Deutschland sind es 95 Prozent), bei Krippenkindern sind es 16 Prozent (Vergleichswert: 28 Prozent).[11] Allerdings: Erzieherinnen haben meist weder Zeit noch Qualifikationen für gezielte sprachliche Bildung.

Es mag angesichts seiner fragwürdigen Rhetorik schwerfallen, aber man muss Carsten Linnemann recht geben. Verpflichtende, vergleichbare Sprachstanderhebungen, spätestens anderthalb Jahre vor Beginn der Schulpflicht mit anschließender, ebenfalls verpflichtender Förderung, wenn Bedarf besteht – ja, das ist eine gute Idee. Annähernd Chancengleichheit herzustellen ist, wenn überhaupt, nur bei Flüchtlingskindern möglich,

---

10 Vgl. Destatis (2020): Bildungsausgaben. Ausgaben je Schülerin und Schüler 2017, S. 8.

11 Vgl. Gambaro et al.: Viele Kinder von Geflüchteten besuchen eine Kita oder Grundschule – Nachholbedarf bei den unter Dreijährigen und der Sprachförderung von Schulkindern. DIW Wochenbericht Nr. 19/2017, korrigierte Fassung vom 2. Mai 2018, S. 384.

die von Anfang an eine deutsche Schule besuchen. Das Schlüs-
selwort dabei lautet »herstellen«. Von allein passiert es nicht.
Das müsste sich in Deutschland eigentlich längst herumgespro-
chen haben.

9 DIE SORGEN DEUTSCHER ELTERN

Die Debatte über Leistungsniveau und Islam

Es ist eine Sorge, die viele bildungsbewusste Eltern in Deutschland umtreibt: Lernt mein Kind genug, wenn in seiner Klasse viele Schüler mit Migrationsgeschichte sitzen? Flüchtlinge gar, die kaum Deutsch sprechen? Bekommt es genügend Förderung und Aufmerksamkeit, wenn seine Lehrerinnen sich doch ständig darum kümmern müssen, alle mitzunehmen? Viele denken: Nein. Und melden ihr Kind nicht in der Grundschule in ihrem hippen durchmischten Kiez an, von dem sie wegen des internationalen Flairs und der guten Falafelimbisse sonst gern schwärmen. Sondern ein bisschen weiter weg, da, wo weniger Araber und Türken wohnen (oder gleich an einer Privatschule). Das mag ketzerisch klingen, ist aber hinreichend belegt. In Nordrhein-Westfalen etwa, wo das Sprengelprinzip 2008 aufgehoben wurde, meidet seitdem vor allem die gut gebildete Mittelschicht die Schule vor der Haustür, wenn dort viele Kinder aus sozioökonomisch benachteiligten Familien lernen.[1] Auch in Ländern, wo man einen Schulwechsel gut begründet beantragen muss, wie etwa in Berlin, intervenieren Eltern häufig und verschärfen die schulische Trennung von Biodeutschen und Migrantenkindern.[2]

Die Gründe hierfür sind klar. Schulen mit einem hohen

---

1   Vgl. Groos, Thomas (2015): Gleich und gleich gesellt sich gern. Zu den sozialen Folgen freier Grundschulwahl.

2   Vgl. Sachverständigenrat deutscher Stiftungen für Integration und Migration (2012): Segregation an Grundschulen: Der Einfluss der elterlichen Schulwahl.

Anteil an Kindern mit Migrationsgeschichte gelten als anfällig für ein schlechtes Lernklima, für Stress und Gewalt. Bei diesen Annahmen sind zwar auch rassistische Stereotype im Spiel, vermutlich würde kaum eine Mittelschichtsfamilie eine Schule mit hohem Schwedenanteil meiden, egal aus welchem Milieu sie stammten. Gleichzeitig gibt die Bildungsforschung den Eltern Recht, zumindest in Teilen. An Hauptschulen, an denen mindestens 40 Prozent der Schülerinnen und Schüler zu Hause kein Deutsch sprechen, und das ist in türkischen und arabischen Einwandererfamilien häufig der Fall, liegen die gemessenen Leistungen etwa ein Schuljahr hinter den Hauptschulen, an denen weniger als fünf Prozent Migranten lernen.[3] Um es zu veranschaulichen: Sprechen bei einer Klassenstärke von 25 Jugendlichen zehn von ihnen zu Hause kein Deutsch, rutscht das mittlere Leistungsniveau der Klasse stark ab.[4] Davon sind alle Schüler betroffen, egal wie schlau sie sind und welche Sprache sie zu Hause sprechen.

Berücksichtigt man den sozioökonomischen Status der Familien und die kognitiven Voraussetzungen der Schüler, lässt sich ein Effekt durch die Migrationsgeschichte allerdings nicht mehr nachweisen. Das heißt übersetzt, das Niveau sinkt generell, wenn viele Kinder mit schwachen kognitiven Fähigkeiten

---

3 Vgl. Stanat, Petra et al. (2010): Der Einfluss des Migrantenanteils in Schulklassen auf den Kompetenzerwerb. Längsschnittliche Überprüfung eines umstrittenen Effekts. In: Allemann-Ghionda, Cristina et al. (Hrsg.): Migration, Identität, Sprache und Bildungserfolg. S. 147–164.

4 Es handelt sich dabei um einen linearen Zusammenhang, das heißt, mit jedem zusätzlichen Schüler, der zu Hause kein Deutsch spricht, verschlechtert sich im Schnitt auch das Niveau der Klasse. Der Effekt beginnt ab etwa 10 Prozent nicht deutscher Muttersprachler innerhalb einer Klasse. Bei mittlerem sozioökonomischem Status beeinträchtigt aber erst ein Anteil von 30 bis 40 Prozent das Niveau. – Vgl. ebd., S. 156 ff.; sowie Stanat, Petra (2006): Schulleistungen von Jugendlichen mit Migrationshintergrund: Die Rolle der Zusammensetzung der Schülerschaft. In: Baumert, Jürgen et al. (Hrsg.): Herkunftsbedingte Disparitäten im Bildungswesen: Differenzielle Bildungsprozesse und Probleme der Verteilungsgerechtigkeit. Vertiefende Analysen im Rahmen von PISA 2000, S. 189–215.

oder aus sozioökonomisch benachteiligten Familien in einer Klasse sitzen – ob sie zu Hause Deutsch sprechen oder nicht, spielt dann kaum noch eine Rolle. Zwar sind diese Kontextinformationen essentiell für den wissenschaftlichen und gesellschaftspolitischen Diskurs. Für Eltern aber, die überlegen, auf welche Schule sie ihr Kind schicken, sind sie unerheblich. Denn warum genau Schülerinnen und Schüler aus bildungsfernen Familien schlechtere Leistungen erzielen, ist für ihre Entscheidung nicht wichtig. Was zählt, ist das Ergebnis. Und da die negativen Faktoren am sichtbarsten mit einer Migrationsgeschichte zusammenhängen, wirkt ein hoher »Ausländeranteil« an einer Schule auf viele Eltern abschreckend.[5] Übrigens auch auf bildungsnahe Einwandererfamilien.

Nun sind Hauptschulen, für die die genauesten Erkenntnisse zum Niveau vorliegen, keine Grundschulen, sondern jene Schulform, an der sich Probleme konzentrieren und sogar gegenseitig verstärken. Auch das zeigt die Forschung und weist darauf hin, wie wichtig eine gute Verteilung von Menschen mit schwierigen Lernvoraussetzungen wäre.[6] Für die Primarstufe gilt aber ebenfalls als gesichert: Ist das Niveau innerhalb einer Klasse höher, fördert das auch die individuellen Leistungen und umgekehrt.[7]

Wichtig bei all dem ist indes, eines nicht aus den Augen zu verlieren: Die Faktoren, die auf den Lernzuwachs einwirken –

---

5 Vgl. Sachverständigenrat deutscher Stiftungen für Integration und Migration (2012): Segregation an Grundschulen: Der Einfluss der elterlichen Schulwahl. S. 12 f.

6 Vgl. Baumert, Jürgen et al. (2006): Schulstruktur und die Entstehung differenzieller Lern- und Entwicklungsmilieus. In: Baumert, Jürgen et al. (Hrsg.): Herkunftsbedingte Disparitäten im Bildungswesen: Differenzielle Bildungsprozesse und Probleme der Verteilungsgerechtigkeit. Vertiefende Analysen im Rahmen von PISA 2000. S. 95–188; hier S. 97 ff.

7 Vgl. Kristen, Cornelia (2008): Schulische Leistungen von Kindern aus türkischen Familien am Ende der Grundschulzeit. In: Kalter, Frank (Hrsg.): Stand, Herausforderungen und Perspektiven der empirischen Migrationsforschung. Kölner Zeitschrift für Soziologie und Sozialpsychologie. Sonderheft 48, S. 230–251. Hier S. 243 ff.

die kognitiven Fähigkeiten des Kindes, der sozioökonomische Status seiner Eltern, die Sprache, die in der Familie gesprochen wird usw. –, beeinflussen zunächst einmal die Schülerin oder den Schüler selbst. Und nicht seine Klassenkameradinnen. Anders ausgedrückt: Bis ein begabtes Kind aus einem bildungsnahen, deutschsprachigen Elternhaus »ausgebremst« wird, muss sehr viel passieren. Ob es richtig gefördert, in seinen Fähigkeiten auch mal herausgefordert wird, und nicht einfach durchgewunken, ist freilich eine andere Frage. Wenn es in der Schule aber nichts auf die Reihe kriegt, ist es wahrscheinlicher, dass es nicht so schlau ist wie erhofft oder die Eltern zu viel Stress machen, als dass es am vermeintlich zu niedrigen Niveau innerhalb der Klasse liegt.

Wenn es um die bestmögliche Leistung im Sinne messbarer Kompetenzen geht, liegen die Eltern, die Brennpunktschulen meiden, aber natürlich richtig: Schickt man sein Kind auf Schulen mit insgesamt hoher Leistungsdichte, ist es wahrscheinlicher, dass es selbst mehr lernt. Und diese Schulen besuchen im Schnitt eben weniger Migrantenkinder; auch weil man ihre Startnachteile bis heute nicht richtig ausgleicht.

Auch bei Flüchtlingen wirkt bereits die Bildungsvererbung

Lassen sich die Erkenntnisse über Schulen mit hohem Migrantenanteil nun einfach auf Flüchtlinge übertragen? Einerseits ja: Der Zusammenhang zwischen Sprachkenntnissen und Leistungen sowie die Vererbung von Bildung wirken an deutschen Schulen sehr konsistent. Dass sich Sprachnachteile bei Flüchtlingen nicht weniger, sondern stärker auf ihre Leistungen auswirken als bei Kindern der zweiten Generation, die hier geboren wurden, erscheint offensichtlich. Und auch die Bildungsvererbung ist bei ihnen bereits messbar. Kein anderer Faktor verbessert ihre Chance, in Deutschland mindestens eine Realschule zu besuchen, so stark wie ein hoher Schulabschluss der Eltern (auch ein mittleres Bildungsniveau hilft schon sehr). Das zeigt eine Auswertung des BAMF und ist angesichts der großen Anzahl von Flüchtlingen aus schlecht gebildeten Familien besonders relevant; für die recht große Gruppe syrischer Kinder aus bildungsaffinen Elternhäusern deutet es hingegen bessere Perspektiven an (siehe Kapitel 2). Andererseits nein, denn Flüchtlinge leben meist in deutlich schwierigeren Umfeldern als etwa Arbeitsmigranten. Die BAMF-Auswertung zeigt, wie problematische Lebenssituationen den Schulerfolg geflüchteter Schülerinnen und Schüler zusätzlich erschweren. In einer Sammelunterkunft zu wohnen, verschlechtert die Chancen bereits stark, drei oder mehr Umzüge schlagen noch stärker durch. Den negativsten Einfluss übt aber offenbar eine schlechte Bleibeperspektive aus. So gelingt Asylbewerbern aus Südosteuropa, die wenig Chancen auf eine Anerkennung haben, mit Abstand am seltensten der Sprung auf eine Realschule oder ein Gymnasium.[8] All dies sind Umstände, gegenüber denen Schulleitungen und Kollegien, aber auch Kultusministerien weitgehend machtlos sind.

Wenn Schüler auf Klassenfahrt nachts schreiend aufwachen

Eine weitere Frage, über die unter Eltern gerade zu Beginn der Flüchtlingskrise viel spekuliert wurde: Was ist mit den Flüchtlingen, die traumatisiert sind? Können die überhaupt unterrichtet werden? Was bedeutet das für die Klasse meines Kindes? Die Unsicherheit im Umgang mit dem Thema vereint Eltern und Lehrer. Da ist ein fälschlich oder zur Probe ausgelöster Feuer-

---

8 Vgl. BAMF (2019): Ankommen im deutschen Bildungssystem. Bildungsbeteiligung von geflüchteten Kindern und Jugendlichen. BAMF-Kurzanalyse 2/2019, S. 11 f.

alarm, der manche Kinder tagelang aus der Bahn zu werfen scheint. Da ist die Sechsjährige, die ihre Augen aufreißt und »Peng, Peng« ruft, weil ihr Sitznachbar Tintenpatronen aus dem Federmäppchen holt. Da ist der 16-Jährige, der auf Klassenfahrt im Mehrbettzimmer nachts schreiend aufwacht, weil sein Onkel kurz zuvor in Syrien umgekommen ist, wobei die Lehrerin sich sorgt, dass er sich das Leben nimmt.

All dies sind bloß einzelne Schlaglichter aus Gesprächen mit Lehrkräften. Im konkreten Fall steht aber jede Geschichte für ein Ohnmachtsgefühl im Lehrerzimmer – und für Depressionen oder Dauergereiztheit, Schlaflosigkeit oder Isolation bei den Betroffenen. Oft genug mit der Folge, dass sie in der Schule abstürzen. Schulpsychologen sind in Deutschland allerdings kaum greifbar, ihre Kalender voll. Im Schnitt kommt auf über 7250 Schülerinnen eine Stelle; in manchen Bundesländern, wie Niedersachsen, Sachsen oder Schleswig-Holstein, ist das Verhältnis noch deutlich schlechter.[9] Und selbst, wenn jemand einen Termin möchte und bekommt: Es geht um Kinder und Jugendliche, die sich in einer fremden Sprache über Intimstes äußern müssen. Keine leichten Voraussetzungen für eine Therapie.

Zahlen, wie viele geflüchtete Schüler unter Traumata leiden, gibt es nicht. Man weiß dank größerer Befragungen geflüchteter Erwachsener, etwa vom Wissenschaftlichen Institut der AOK, dass circa 60 Prozent der Befragten aus Syrien, Afghanistan und Irak Kriegshandlungen erlebt haben, dass von 35 Prozent Angehörige verschleppt wurden oder verschwunden sind und 29 Prozent auf der Flucht selbst Gewalt ausgesetzt waren. Auf Basis der von ihnen beschriebenen Symptome, etwa Mutlosigkeit und Schlafstörungen, besteht bei fast jedem

---

9 Vgl. Berufsverband Deutscher Psychologinnen und Psychologen: Versorgungszahlen 2018. Schulpsychologinnen und Schulpsychologen in den Bundesländern.

Zweiten der Verdacht auf eine depressive Erkrankung.[10] Diese Ergebnisse auf geflüchtete Kinder und Jugendliche zu übertragen, wäre unlauter. Doch auch für sie liegen punktuelle Befunde vor, die ähnliche Erfahrungen vermuten lassen. Eine kleine Erhebung der Technischen Universität München ergab, dass etwa vier von zehn syrischen Kindern an posttraumatischen Belastungsstörungen oder Anpassungsstörungen leiden.[11] In einer Untersuchung des Max-Planck-Instituts für experimentelle Medizin in Göttingen hatte mehr als jeder Zweite der Studienteilnehmer, die im Alter von 16 bis 24 Jahren nach Deutschland gekommen waren, traumatische Erlebnisse vor oder während der Flucht gemacht. 40 Prozent hatten schwere Verwundungen durch Schuss- und Stichwaffen, Granatsplitter, Explosionen oder Elektroschocks erlitten. Der Studie listet auf: »Die Erfahrungen dieser jungen Individuen vor oder auf der Flucht beinhalteten häufig extreme Armut, Genozid, Krieg, Folter, Verfolgung aus ethnischen oder religiösen Gründen oder aufgrund der sexuellen Orientierung, Entführung, Sklaverei, Menschenhandel, sexuelle Ausbeutung, Zwangsarbeit, physische Misshandlungen, Traumata durch Trennung, das Erfahren oder Beobachten von Körperverletzung, Massakern, Vergewaltigung und anderen Bedrohungen der körperlichen Unversehrtheit sowie Mord und Terroranschläge.«[12] Die Autoren kommen zum wenig

---

10 Vgl. Schröder, Helmut et al.: Gesundheit von Geflüchteten in Deutschland – Ergebnisse einer Befragung von Schutzsuchenden aus Syrien, Irak und Afghanistan. WIdOmonitor 1/2018.

11 Bei der Studie wurden 96 syrische Kinder unter 14 Jahren in einem bayerischen Erstaufnahmelager untersucht: www.tum.de/nc/die-tum/aktuelles/pressemitteilungen/details/32590/ (zuletzt abgerufen am 16.05.2020).

12 Begemann, Martin et al. (2020): Accumulated environmental risk in young refugees – A prospective evaluation. In: EClinicalMedicine, abrufbar unter: https://www.thelancet.com/journals/eclinm/article/PIIS2589-5370(20)30089-4/fulltext (zuletzt abgerufen am 17.05.2020). Ich habe das Zitat aus dem englischen Original übersetzt. Bei der Studie wurden 133 Flüchtlinge, primär aus Afghanistan, Nigeria, Syrien und Irak, befragt und untersucht, weitere Teilnehmer kamen etwa aus Eritrea, Somalia und Liberia.

überraschenden Ergebnis: Je mehr Risikofaktoren die Flüchtlinge ausgesetzt waren, desto stärker leidet ihre Leistungsfähigkeit, desto eher zeigen sie psychische Auffälligkeiten. Vor allem verdeutlicht die Studie auch, für wen Traumata schwer wiegen: nämlich für diejenigen, die sie aushalten müssen. Und nicht für deutsche Kinder. Im Unterricht merkt man zudem einem Schüler längst nicht immer an, dass er ein Trauma erlitten hat; viele ziehen sich eher zurück als auszuscheren. Und wenn ein Schüler ausschert, steckt längst nicht immer ein Trauma dahinter. Aber Geschichten, die man teilweise aus den Schulen hört, lassen sich besser einordnen, wenn man das Thema mitdenkt.

Denn natürlich berichten Pädagogen auch von Gewalt, und zwar überwiegend aus den Vorbereitungsklassen: fliegende Stühle und Fäuste, Tritte gegen Lehrerinnen, organisierte Schlägereien vor der Schule mit Freunden aus der Unterkunft. Es scheint sich bei den Stressmachern zwar um eine kleine Minderheit zu handeln, die große Aufmerksamkeit bekommt. Aber schon ein einzelner aggressiver Schüler reicht, um den Unterricht der 15 anderen unmöglich zu machen. Wenn jemand ausflippt, handelt es sich mit ziemlicher Sicherheit um einen Jungen, das sagt zumindest die anekdotische Evidenz. Die empirische kann ergänzen: Die Wahrscheinlichkeit, dass geflüchteten Mädchen der Wechsel an eine Realschule oder ein Gymnasium gelingt, liegt gegenüber Jungen um sechs Prozentpunkte höher.[13] Auf welche Faktoren das genau zurückzuführen ist, bleibt unbeantwortet, fügt sich aber ein in den allgemeinen Trend innerhalb Deutschlands. Dabei lautet ja ein häufig gehörtes Vorurteil, muslimische Familien nähmen es mit der Bildung von Mädchen oft nicht so genau.[14]

---

13 Vgl. BAMF (2019): Ankommen im deutschen Bildungssystem. Bildungsbeteiligung von geflüchteten Kindern und Jugendlichen. BAMF-Kurzanalyse 2/2019. S. 11 f.

14 Unter Flüchtlingen geben 18 Prozent an, dass die berufliche oder akademische Ausbildung der Söhne für Eltern wichtiger sein sollte als die der Töchter; dieser Wert wies

Der Islam: Eine Religion unter Verdacht

Überhaupt: der Islam. Über wohl kein anderes Thema wurde in Deutschland im Zusammenhang mit der Flüchtlingskrise so obsessiv wie ressentimentgesättigt diskutiert, keine andere Religion steht derart unter Generalverdacht. Auch im Verlauf dieser Recherche begegnete mir regelmäßig ein zumindest leicht rassistischer Gestus unter Lehrkräften, der etwa so klang: Na ja, die kommen halt aus einer rückständigen Kultur, denen muss man erst mal beibringen, warum Schule wichtig ist und dass man sich in Deutschland an Regeln halten muss. Oder aber Schulleitungen berichteten von empörten Elternanrufen mit dem Tenor: Wieso kommt jetzt noch eins von »diesen Kindern« in die Klasse meiner Tochter?

Tut man solche Bedenken nur als Vorurteile ab, macht man es sich allerdings zu leicht. Zwar erscheint es bei einer so großen, heterogenen Gruppe wie den Flüchtlingen viel naheliegender, die Gründe für häufige Fehlzeiten und chronische Unpünktlichkeit, die viele Lehrer monieren, in ihren Biografien und Lebensumständen zu suchen statt in einer ominösen Kulturzugehörigkeit. Aber dennoch bleibt es eine legitime Frage,

---

keinen statistisch signifikanten Unterschied zu den Einstellungen unter Deutschen auf, vgl. BAMF (2016): IAB-BAMF-SOEP-Befragung von Geflüchteten: Überblick und erste Ergebnisse. Forschungsbericht 29, S. 57 ff. Eine Studie der Universitäten Konstanz und Göttingen zeigt, dass muslimische Mädchen bei denselben kognitiven und sozioökonomischen Voraussetzungen sogar signifikant häufiger auf ein Gymnasium wechseln als protestantische oder katholische Kinder ohne Migrationsgeschichte; vgl. Diehl, Claudia (2017): Religiosität und Bildungserfolg, S. 77 ff. Gleichzeitig weisen erwachsene weibliche Geflüchtete im Schnitt eine schlechtere Schulbildung, höhere Analphabetismusquoten und seltenere Teilnahmen an Sprach- und Integrationskursen in Deutschland auf als Männer (vgl. BAMF 2017). Eine umfassende Studie zu muslimischen Migranten in Europa zeigt zudem, dass diese deutlich konservativere Rollenverständnisse haben als die europäischen Mehrheitsgesellschaften, was ihre Integration erschwert; vgl. Koopmans, Ruud (2015): Does assimilation work? Sociocultural determinants of labour market participation of European Muslims. In: Journal of Ethnic and Migration Studies.

die sich viele Lehrerinnen und Lehrer, aber gerade auch Eltern stellen: Entstehen durch die kulturellen Unterschiede Probleme im Klassenzimmer und auf dem Pausenhof?

Es ist nicht einfach, verlässliche Antworten darauf zu finden. In der Studie »Bildungstrends 2018« wurden Schulleitungen recht rudimentär um ihre Einschätzungen gebeten. Der Aussage, die Integration stelle die Schulen vor große kulturelle Herausforderungen, stimmten 19 Prozent der Schulen völlig, weitere 36 Prozent eher zu. Anders gesagt: Gut jede zweite Schule empfindet die kulturelle Integration als relativ große Herausforderung. Gleichzeitig stimmen 95 Prozent der Schulleitungen der Aussage eher oder völlig zu, die Integration der Flüchtlinge gelinge an ihrer Schule insgesamt gut. Eine Interpretation dieser vermeintlich widersprüchlichen Aussagen könnte lauten: Viele Schulen sind Orte kultureller Konflikte, aber offenbar schaffen sie es weitgehend, diese zu lösen. Um welche Probleme es sich mehrheitlich konkret handelt, ist schwer fassbar. Sind es die berühmten Schwimmverbote für Mädchen, Respektlosigkeit gegenüber Lehrerinnen, antisemitische Sprüche – um nur die zu nennen, die medial besonders häufig aufgegriffen werden? Erhebungen darüber gibt es nicht. Berichte über verbale und physische Übergriffe gegen Jüdinnen und Juden an Schulen häufen sich zwar, dass Flüchtlinge dafür verantwortlich wären, ist aber reine Spekulation.

Dafür, dass antisemitische Stereotype oder Israelhass unter muslimischen Einwanderern in Europa,[15] unter muslimischen Jugendlichen in Deutschland[16] und in Ländern des Nahen

---

15 Vgl. Feldman, David (2018): Antisemitismus und Immigration im heutigen Westeuropa. Gibt es einen Zusammenhang? Ergebnisse und Empfehlungen einer Studie aus fünf Ländern. 23 ff.

16 Vgl. Mansel, Jürgen / Spaiser, Viktoria (2012): Antisemitische Einstellungen bei Jugendlichen aus muslimisch geprägten Sozialisationskontexten. Eigene Diskriminierungserfahrungen und transnationale Einflüsse als Hintergrundfaktoren. In: Heitmeyer, Wilhelm (Hrsg.): Deutsche Zustände. Folge 10, S. 220–241. Hier S. 225 ff.

Ostens und Nordafrikas[17] deutlich stärker verbreitet sind als im bereits recht antisemitischen deutschen Durchschnitt, gibt es indes wissenschaftliche Evidenz. Inwiefern dabei zum Beispiel religiöse und/oder politische Motive eine Rolle spielen, darüber weiß man weniger. Auch bestehen zwischen muslimischen Bevölkerungsgruppen verschiedener Länder erhebliche Unterschiede. Will sagen, »den Flüchtlingen« eine wie auch immer geartete antisemitische Einheitskultur zu unterstellen, ist so unsinnig wie unpräzise. Oder würde jemand auf die Idee kommen, Bayern und Franzosen als eine homophobe Masse anzusehen, die politische Einstellungen, ja eine Kultur teilt, nur weil beide überwiegend katholisch sind? Den Luxus, keinen gruppenbezogenen Pauschalurteilen ausgesetzt zu sein, haben hierzulande im Prinzip nur weiße Westdeutsche.

Zurück auf den Schulhof als Ort des Konflikts. Was man über ihn sagen kann: Relativ viele Kinder und Jugendliche fühlen sich an der Schule nicht sicher, wie eine aktuelle repräsentative Studie zeigt. Das gilt verstärkt für Haupt- und Gesamtschulen (knapp jeder Dritte), aber auch für Gymnasien und Grundschulen (knapp jede Fünfte).[18] Es handelt sich also um ein gravierendes gesellschaftliches Problem, das weit über Migrationsdiskurse hinausreicht. Die Befragung zeigt auch: Insbesondere Kinder, die sich Sorgen um die finanzielle Situation ihrer Familie machen, erleben die Schule als Ort der Unsicherheit und sind deutlich öfter Hänseleien, Ausgrenzung und Schlägen ausgesetzt.[19] Es trifft also häufig die Schwachen. Ob das auch für Flüchtlinge gilt, darauf gibt es aktuell keine Hinweise. Zwar fühlen sie sich an ihren Schulen im Schnitt seltener sozial stark eingebunden als

---

17 Vgl. Anti-Defamation League: ADL Global 100, an Index of Anti-Semitism: https://global100.adl.org/map/meast (zuletzt abgerufen am 10.05.2020).

18 Vgl. Andresen, Sabine et al. (2019): Children's Worlds+. Eine Studie zu Bedarfen von Kindern und Jugendlichen in Deutschland, S. 84.

19 Vgl. Ebd., S. 95.

Biodeutsche und Kinder der zweiten Einwanderergeneration, ausgeschlossen fühlt sich aber nur eine kleine Minderheit von sechs Prozent.[20] Im Widerspruch dazu stehen Erfahrungen, dass gerade zwischen Schülern aus Vorbereitungs- und Regelklassen wenig Austausch stattfindet. Ob dies nun vor allem an kulturellen Faktoren oder an Verständigungsproblemen liegt, ist unklar.

Sinkt das Niveau?

Kehren wir zur Anfangsfrage und vielleicht größten Sorge der deutschen Eltern zurück, dass nämlich das Leistungsniveau an den Schulen durch die Flüchtlinge sinkt. Wie beschrieben sind die Lernvoraussetzungen vieler Flüchtlinge unterdurchschnittlich, ihre Verteilung ist ungleichmäßig und das Schulsystem war unvorbereitet. Die Frage nach dem Niveau ist in dieser Lage verständlich. Wenn man sie Lehrerinnen und Lehrern stellt, verlassen die Aussagen schnell die Grenzen der überprüfbaren Wirklichkeit. Daten wiederum sind rar und ihre Interpretation ist nur unter Vorbehalt möglich. Dennoch geben neuere empirische Studien leise Hinweise.

PISA 2018, wo Deutschlands Schülerinnen und Schüler nach vielen Jahren des Aufschwungs wieder abstürzten, lässt Schlussfolgerungen hinsichtlich der Leistungen von Flüchtlingen eigentlich nicht zu; Syrerinnen oder Afghanen wurden in den Auswertungen unter »Sonstige« subsummiert, weil ihre Fallzahlen zu gering waren, um eigene Berechnungen vorzunehmen. Studienleiterin Kristina Reiss sagte gegenüber *ZEIT ONLINE*, Flüchtlinge fielen deshalb »bei der PISA-Studie kaum ins Gewicht«.[21] Die Ergebnisse – deutlich schlechtere Leseleis-

---

20 Vgl. Stanat, Petra et al. (Hrsg.) (2019): IQB Bildungstrends 2018, S. 329 f.

21 Kerstan, Thomas / Spiewak, Martin: »Anlass für Alarm«, ZEIT ONLINE, 03.12.2019: https://www.zeit.de/gesellschaft/schule/2019-12/pisa-studie-schulleistungen-oecd-risikoschueler-schulsystem/ (zuletzt abgerufen am 11. Mai 2020).

tungen in der ersten Zuwanderergeneration als noch 2009[22] – sind dennoch interessant, weil sie recht konsistent mit einer weiteren Studie sind, in der auch die Leistungen von geflüchteten Schülerinnen und Schülern ausgewertet wurden, wenn auch in Mathematik und Naturwissenschaften: den »Bildungstrends 2018«. Bei den Getesteten handelte es sich um Neuntklässler, die zum Zeitpunkt der Vergleichsarbeiten im Schnitt seit zweieinhalb Jahren eine deutsche Schule besuchten.

Die Ergebnisse waren eindeutig: In allen untersuchten Kompetenzbereichen, von Fachwissen in Physik über Erkenntnisgewinnung in Chemie bis zu verschiedenen Bereichen der Mathematik, schnitt die erste Einwanderergeneration deutlich schlechter ab als in der vorangegangen Studie im Jahr 2012.[23] Besonders gilt dies für Kinder arabischsprachiger Familien.[24] Diesen Schülerinnen und Schülern fehlten 2018 gegenüber ihrer Vergleichsgruppe aus dem Jahr 2012 (also vor der Flüchtlingskrise) mathematische Kompetenzen eines ganzen Schuljahres. Jugendliche aus Familien ohne Migrationsgeschichte lagen sogar zweieinhalb Schuljahre vor ihnen – und das ist noch der geringste Abstand. In Chemie betrugen die Unterschiede im Schnitt dreieinhalb Schuljahre, in den Fächern Biologie und Physik sogar gute fünf.[25] Zwar war auch die durchschnittliche Bildung der Eltern gegenüber 2012 gesunken, aber diese Umstände erklären den Leistungseinbruch den Studienautorinnen zufolge nur zum Teil.

Weil die getesteten Schüler erst seit etwa zweieinhalb Jahren eine deutsche Schule besuchten, wäre es falsch, von der Studie auf die Zukunft zu schließen. Dennoch erinnern die Ergeb-

---

22 Vgl. Reiss, Kristina et al. (2019): Pisa 2018, S. 155 f.

23 Vgl. Stanat, Petra et al. (Hrsg.) (2019), S. 304 f.

24 Vgl. ebd., S. 317.

25 Vgl. ebd., S. 302, S. 319 sowie Stanat, Petra et al. (Hrsg.) (2019): IQB Bildungstrends 2018. Zusatzmaterialien, S. 92 ff.

nisse an die These des Bildungsökonomen Ludger Wößmann, syrische Achtklässler hinkten ihren deutschen Altersgenossen um fünf Schuljahre hinterher (siehe Kapitel 2); zumindest für bestimmtes naturwissenschaftliches Fachwissen scheint sie zuzutreffen. Immerhin entsprechen auch die Kompetenzen der arabischsprachigen Kinder der ersten Einwanderergeneration im Schnitt noch den Mindeststandards für einen Hauptschulabschluss. Inwiefern Fachwissen vielleicht vorhanden war, die Schüler es aber aufgrund mangelnder Deutschkenntnisse nicht zeigen konnten, ist unklar. Es ist stark anzunehmen, dass sich zerrüttete Bildungsbiografien, schwache Schulsysteme in den Herkunftsländern, die prekären Lebensumstände in Deutschland und auch psychische Belastungen negativ auf die Ergebnisse ausgewirkt haben. Ein Modell, das den Einfluss dieser Faktoren belegte oder gar aufschlüsselte, existiert bislang allerdings nicht.

Dass Bildung für Migranten im Allgemeinen und Muslime im Speziellen eben »nicht so wichtig« sei – ein Vorurteil, das einem regelmäßig begegnet –, kann für die große Mehrheit als Einflussfaktor hingegen ausgeschlossen werden. Flüchtlinge streben überdurchschnittlich stark nach Bildung wie Befragungen des Leibniz-Instituts und auch des BAMF zeigen. Das gilt für Jugendliche (sieben von zehn möchten einen Abschluss schaffen, mit dem sie studieren können), und es gilt stärker noch für ihre Eltern (86 Prozent wollen, dass ihr Kind studiert).[26] Hohe Bildungsaspirationen, wie solche Absichten genannt werden, sind unter Migranten vielfach nachgewiesen und wirken sich

---

26 Vgl. Will, Gisela et al. (2018): Integration von Flüchtlingen: Erste Ergebnisse der ReGES-Studie (LIfBi Working Paper No. 76). Leibniz-Institut für Bildungsverläufe, S. 27. Die in Kapitel 2 behandelte Studie des BAMF (2017) zeigt, dass Geflüchtete aus Afghanistan, Somalia oder Eritrea deutlich seltener das Abitur anstreben als Menschen aus Syrien und eher auf eine berufliche als akademische Ausbildung setzen. Im hohen Stellenwert eines Studiums zeigt sich vermutlich auch ein Informationsdefizit über den Wert der dualen Ausbildung in Deutschland.

auch positiv auf die tatsächlichen Bildungsverläufe von Schülerinnen und Schülern aus. Nur handelt es sich bei ihren Zielsetzungen um Idealbilder, die sich in der Realität relativ selten in dieser Form einlösen.[27]

Die Sorge der Bildungsbürgerinnen, die Lernfortschritte ihrer Kinder würden durch die Flüchtlinge in irgendeiner Form beeinträchtigt, scheint angesichts der Studienergebnisse unbegründet zu sein. Die Leistungen der Biodeutschen sind konstant geblieben; bei der zweiten Einwanderergeneration haben sie sich gegenüber 2012 sogar leicht verbessert.[28] Das passt zu Einschätzungen, die ich in Gesprächen mit Lehrerinnen und Lehrern immer wieder so oder so ähnlich gehört habe: »Ich komme mit meinem Stoff schon durch. Die Frage ist nur, was bei den Einzelnen hängen bleibt.« Anders gesagt: Die oft beschworene individuelle Förderung, ob für die Starken oder die Schwachen, lässt sich in der Realität vieler Klassen kaum umsetzen. Und dann kommt es eben auf die Eltern an.

---

27 Vgl. Becker, Birgit / Gresch, Cornelia (2016): Bildungsaspirationen in Familien mit Migrationshintergrund. In: Diehl, Claudia et al. (Hrsg.): Ethnische Ungleichheiten im Bildungsverlauf, S. 73–115.

28 Vgl. IQB Bildungstrends 2018, S. 303. Einschränkend muss man hinzufügen, dass sich die Leistungen auch nicht verbessert haben, obwohl sich das Bildungsniveau in den biodeutschen Elternhäusern signifikant verbessert hat. Worauf das zurückzuführen ist, bleibt unklar. Übrigens: Nur an Gymnasien, also da, wo kaum Flüchtlinge lernen, haben sich die Leistungen im Schnitt verschlechtert.

10 WELCHE ABSCHLÜSSE SIND REALISTISCH?

Die ersten verfügbaren Zahlen

Wie man lange schon aus der Bildungsforschung weiß, besteht zwischen tatsächlichen Leistungen auf der einen Seite sowie Noten und Abschlüssen auf der anderen Seite nicht zwingend ein Zusammenhang. Ein Beispiel: Schüler in Bremen zeigen laut Leistungsvergleichen im Schnitt große Rückstände gegenüber ihren Altersgenossen in Bayern oder Sachsen. Trotzdem kommen sie nicht seltener zum Abitur. Deshalb geben erste, schmale Studienergebnisse wie die aus den Bildungstrends, die Leistungen und Kompetenzen abfragen, nur zum Teil Aufschluss über den schulischen Erfolg oder Misserfolg von Flüchtlingen. Zusätzlich muss gefragt werden, auf welche Schulen sie es schaffen – und welche Abschlüsse sie erreichen.

Auf die Frage, welche statistischen Erkenntnisse über die erfolgreiche Integration der Flüchtlinge an den Schulen vorlägen, antworteten die Länder vereinzelt mit unglaubwürdiger PR (»Die Schulen melden uns zurück, dass durch unsere Sprachförderprogramme und das soziale Miteinander in den Klassen viele Kinder sehr schnell Deutsch lernen und sich sehr gut integrieren«), überwiegend aber mit Bedauern, mangels Daten keine genauen Angaben machen zu können. Dieses systematische Unwissen ist erstaunlich, wenn man die gesellschaftliche Bedeutung von Bildung und Integration bedenkt, aber auch das irre Bohei, das um die Flüchtlingskrise gemacht wurde.

Zwei Länder wissen indes mehr als der Rest. Bremen konnte zumindest mitteilen, dass von den ehemaligen Teilnehmern der Vorbereitungsklassen (die dort Vorkurse heißen) im Jahr 2018 genau ein Drittel den mittleren Schulabschluss erreichte, etwas weniger als ein Drittel den einfachen oder erweiterten Hauptschulabschluss (29 Prozent) und etwas mehr als ein Drittel ohne Abschluss blieb (36 Prozent). Zwei Prozent schafften das Abitur.

Hessen wiederum hat auf meine Anfrage hin Auswertungen vorgenommen, welche Abschlüsse Schülerinnen und Schüler erreicht haben, die seit November 2015 über Vorbereitungsklassen (die dort Intensivklassen oder -kurse heißen) in den Regelunterricht gewechselt sind.[1] Diese Zahlen bieten erstmals einen Hinweis darauf, welche Erwartungen für ältere Flüchtlinge realistisch sind. An den allgemeinbildenden Schulen erreichten demnach von bislang 6428 abgegangenen Schülerinnen und Schülern zwölf Prozent keinen Abschluss (795)[2] und zwei Prozent einen Förderschulabschluss (143). Die restlichen Abschlüsse verteilen sich wie folgt:

- 71,6 Prozent Hauptschulabschlüsse (4696)
- 27,7 Prozent Realschulabschlüsse (1815)
- 0,2 Prozent Fachhochschulreife (16)
- 0,5 Prozent (Fach-)Abitur (32)[3]

Wichtig ist: Diese Absolventen sind erst als Jugendliche eingereist, ihnen blieben maximal vier Jahre bis zu ihrem Abschluss;

---

1 Den Zahlen des hessischen Kultusministeriums zufolge machten Flüchtlinge zum Ende des Schuljahres 2015/16 und 2016/17 zwischen 62 und 69 Prozent dieser Schülerinnen und Schüler aus. Den Rest bilden Migranten aus der EU und dem Rest der Welt, Unschärfen sind also vorhanden.

2 Ein erstaunlich niedriger Wert, der aber zum allgemeinen Trend in Hessen passt, wo man zuletzt mit 10 Prozent den bundesweit niedrigsten Wert von ausländischen Schulabgängern ohne Abschluss hatte. – Vgl. Anger, Christina et al. (2019): INSM-Bildungsmonitor 2019. Ökonomische Bildung und Teilhabechancen, S. 153.

3 Die Angaben zu Hauptschulabschlüssen und Realschulabschlüssen enthalten auch die qualifizierenden Varianten sowie Gleichstellungen.

sie haben diesen also unter besonders schwierigen Bedingungen erreicht. Im Übrigen weist diese Statistik alle erreichten Abschlüsse aus – sie zählt also doppelt, wenn etwa ein Hauptschulabsolvent im Anschluss noch einen qualifizierenden Hauptschulabschluss oder einen Realschulabschluss erworben haben sollte (deshalb übersteigt auch die Zahl der Abschlüsse die der Absolventen).[4] Der prozentuale Anteil der Hauptschulabschlüsse dürfte deshalb etwas zu hoch, der Rest der Abschlüsse etwas zu niedrig sein. Die Tendenz ist aber eindeutig.

Was sagen diese Zahlen nun aus? Zunächst nur, dass der allergrößte Teil der Flüchtlinge, die erst als Jugendliche nach Deutschland gekommen sind, früher oder später an einer beruflichen Schule ankommen werden (siehe Kapitel 11). Von ihnen werden viele noch keinen Abschluss haben, mittelfristig aber wird die Anzahl derer zunehmen, die mit ihrem Hauptschul- und Realschulabschluss einen Ausbildungsplatz gefunden haben. Über die Gesamtaussichten der Flüchtlinge an deutschen Schulen, namentlich der jüngeren unter ihnen, sagen sie aber wenig aus. Um über diese mehr zu erfahren, muss man andere Zahlen zurate ziehen. Nämlich solche, die Aufschluss darüber geben, auf welche Schulen sich die Flüchtlinge verteilen, nachdem sie in eine Regelklasse gewechselt sind. Die Datenallergie der Bundesländer sorgt an dieser Stelle wieder einmal für Unbill, präzise Zahlen gibt es nicht. Annähern aber kann man sich etwa mit Hilfe der bundesweiten Schulstatistik. Ihr zufolge lernten syrische Schülerinnen und Schüler im Schuljahr 2018/19 zu

- 7 Prozent auf Förderschulen,
- 19 Prozent auf Hauptschulen,

---

4 Das ist auch der Grund, warum ich die Abgänger ohne Abschluss und Förderschulabschlüsse extra ausgewiesen habe; die bereitgestellten Zahlen der Abschlüsse und Abgänger sind nur bedingt miteinander kompatibel.

- 10 Prozent auf Realschulen,
- 51 Prozent auf Schulen mit mehreren Abschlüssen und zu
- 14 Prozent auf Gymnasien.[5]

Nimmt man die Abschlusszahlen aus Hessen zum Maßstab, muss man davon ausgehen, dass an den Schulen mit mehreren Bildungsgängen aktuell das Hauptschulniveau der am häufigsten besuchte Bildungszweig ist. Übrigens: Afghanische Schülerinnen und Schüler verteilen sich laut der amtlichen Statistik fast identisch. Dies ändert sich allerdings drastisch, wenn man berufliche Schulen in die Berechnung mit aufnimmt. An ihnen lernen fast 60 Prozent aller Schülerinnen und Schüler aus Afghanistan, bei Syrerinnen und Syrern trifft dies bloß auf gut jeden Dritten zu. Betrachtet man also alle relevanten Schulformen, besuchen noch neun Prozent von ihnen ein Gymnasium, von den Afghaninnen und Afghanen sind es etwa fünf Prozent. Die ungleichen Erfolgschancen zwischen Herkunftsländern lassen sich laut BAMF im Wesentlichen durch Faktoren wie den familiären Bildungshintergrund, das Alter bei der Einreise oder auch die Art der Unterbringung erklären.[6] Das heißt: Ein afghanischer und ein syrischer Schüler, die aus einem Elternhaus mit hoher Bildung kommen, schon als Kind eingewandert sind und beide in einer Privatwohnung, also nicht einer Sammel-

---

5   Zahlen gerundet. Eigene Berechnungen auf Basis des Statistischen Bundesamts (2020): Fachserie 11, Reihe 1, Bildung und Kultur, Allgemeinbildende Schulen. Die Grundgesamtheit (74 319) setzt sich aus syrischen Staatsbürgern an allgemeinbildenden Schulen zusammen. Grundschulen, Waldorf- und Abendschulen, Kollegs sowie Schüler, die keiner Schulform zugeordnet werden konnten, habe ich in der Berechnung nicht berücksichtigt. Dass auch ein kleiner Anteil an syrischen Schülerinnen und Schülern darunter sein wird, die nicht als Flüchtlinge nach Deutschland gekommen sind, lässt sich nicht vermeiden. Die Zahlen decken sich relativ stark mit Zahlen, die mir Hessen geliefert hat und die sich auf alle Schüler beziehen, die aus Vorbereitungsklassen ins Regelsystem gewechselt sind.

6   BAMF (2019): Ankommen im deutschen Bildungssystem. Bildungsbeteiligung von geflüchteten Kindern und Jugendlichen. BAMF-Kurzanalyse 2/2019.

unterkunft leben, haben im Schnitt sehr ähnliche Chancen. Nur kommen aus Syrien mehr Menschen, auf die diese Faktoren zutreffen.

Auch die Studie »Bildungstrends 2018« kommt bei der Verteilungsfrage zu ähnlichen, wenngleich nicht identischen Ergebnissen. Dieser Stichprobe zufolge, die aus geflüchteten Neuntklässlern besteht, besuchen noch einmal deutlich mehr eine Hauptschule: »dreimal häufiger als die Gesamtpopulation und auch deutlich häufiger als Schülerinnen und Schüler der ersten Zuwanderergeneration ohne Fluchtbiografie«, wie es in der Studie heißt. Die Wahrscheinlichkeit, ein Gymnasium zu besuchen, »ist hingegen etwa viermal geringer als für die Gesamtpopulation und fast dreimal geringer als in der ersten Zuwanderergeneration ohne Fluchtbiografie«[7].

Die Zwischenbilanz: verhalten – der Trend: verhalten optimistisch

Wie lautet nun die Zwischenbilanz in Kenntnis dieser Daten? Blickt man auf das Chaos, das nach dem Flüchtlingssommer 2015 an deutschen Schulen herrschte; auf die schwierigen Bildungsvoraussetzungen vieler Flüchtlinge; auf die viel zu dünnen Sprachfördersysteme nach den Vorbereitungsklassen und auch darauf, dass sich die Analyse aktuell auf diejenigen stützt, die erst als Jugendliche, nicht als Kinder nach Deutschland kamen, so könnte eine vorsichtige Lagebeschreibung lauten: Gut geht anders, aber es könnte weitaus schlimmer sein. Ja, der Rückstand gegenüber dem Rest der Schüler, ob biodeutsch oder mit Migrationsgeschichte, ist enorm. Ja, aktuell scheinen jeder Neunte oder gar jeder Dritte zunächst einen Abschluss zu verpassen, je nachdem, ob man nach Hessen oder Bremen schaut

---

7   Stanat, Petra et al. (2019), S. 328.

(die Zahlen lassen sich nur bedingt vergleichen). Gleichzeitig schafft die große Mehrheit mindestens den Hauptschulabschluss, was sich auch mit den gemessenen Kompetenzen in den »Bildungstrends 2018« deckt.

Der Trend scheint insgesamt positiv: Schaffte von den ersten gut 6400 Absolventen aus den Vorbereitungsklassen in Hessen nur knapp ein Prozent das (Fach-)Abitur, wechselte dort im letzten Schuljahr schon fast jeder Zehnte an ein Gymnasium, ein Wert, der sich auch für Syrerinnen und Syrer in ganz Deutschland bestätigt. Es ist zwar spekulativ, aber mit der Forschungslage im Einklang, wenn man annimmt: Die Übergangsquoten aus den Grundschulen an weiterführende Schulen dürften noch etwas besser sein. Auch hier werden einen die statistischen Landesämter aber wieder im Dunkeln lassen.

Ein Lichtblick jenseits der Statistik ist, dass auch all jene, die ihren Schulabschluss zunächst verpassen, in Deutschland noch von einer Institution aufgefangen werden: der Berufsschule.

11 DIE ÄLTEREN –
WIRKLICH »CHANCENLOS«?

Berufsschulen und der Ausbildungsmarkt

Berufsschulen werden in der Integrationsdebatte oft zu Unrecht übersehen. Die Medienöffentlichkeit guckt lieber in Grundschulen und Gymnasien, also dorthin, wo sie die Kinder der meisten Leserinnen und Leser vermutet, oder in Brennpunktschulen, die für verkaufsfördernde Schlagzeilen sorgen. Die allgemeinbildenden Schulen wiederum sehen in den Berufsschulen oft den einfachsten Ausweg, sich schwierige Kandidaten vom Hals zu schaffen. Dabei könnte man ohne Weiteres argumentieren: Sie sind die wichtigsten Integrationslabore von allen. Wenn nur eine kleine Minderheit der Flüchtlinge den Weg über das Abitur in eine akademische Laufbahn nimmt – und die bisherigen Erkenntnisse sprechen dafür –, entscheidet letztlich der Erfolg der Berufsschulen über den Ausgang des Experiments. Sie bilden die Brücke in den Arbeitsmarkt, den man in Deutschland nur schwerlich ohne Zeugnisse und Zertifikate betreten kann, der aber gleichzeitig nach Bewerbern lechzt. Über 40 000 Ausbildungsplätze blieben im Jahr 2015 unbesetzt.[1] Und so verband sich mit der Ankunft der Flüchtlinge auch die Hoffnung, den Mangel an Fachkräften zumindest zu entschärfen.

Auftritt Berufsschule. Hier sammeln sich viele derjenigen, die im allgemeinbildenden Schulbetrieb als »chancenlos« bezeichnet werden, die kurz vor oder erst nach Erreichen ihrer Volljährigkeit nach Deutschland eingereist sind. Aber auch jene,

---

1   Vgl. BMBF: Berufsbildungsbericht 2016, S. 16.

die erste Abschlüsse erworben haben. Im Schuljahr 2018/19 besuchten allein 99 000 Schülerinnen und Schüler aus den fünf Staaten Syrien, Afghanistan, Irak, Eritrea und Somalia die berufsbildenden Institutionen.[2] Nur ungefähr jede fünfte von ihnen ist weiblich. Es sind also ganz viele junge Männer, jene zahlenmäßig größte Gruppe unter den Flüchtlingen, die von der Gesellschaft besonders skeptisch beäugt wird.

Vom Analphabeten zum Azubi

In Sulzbach, einer Kleinstadt unweit Saarbrückens, umgeben von stillgelegten Steinkohlestollen und viel Wald, besuchen acht dieser jungen Männer die Klasse SHK-12.3. Die Buchstaben stehen für ihren Ausbildungsgang: Die sechs Syrer und zwei Afghanen werden Anlagemechaniker für Sanitär-, Heizungs- und Klimatechnik, oder, wie man normalerweise sagt, Klempner. Fast alle von ihnen sind im Herbst 2015 oder Anfang 2016 nach Deutschland gekommen. Heute reparieren sie an drei oder vier Tagen die Woche als Lehrlinge Lüftungsschächte oder Toiletten und lernen an den anderen ein oder zwei Tagen am Beruflichen Bildungszentrum Sulzbach (BBZ) beispielsweise die Unterschiede zwischen Solarkollektoren und Photovoltaikstromkollektoren. Sie arbeiten beim Technischen Hilfswerk oder in Kleinstunternehmen, der älteste ist 31. Nurullah Bakshi, ein schmächtiger Mann mit akkurat gestutztem Bartschatten, ist mit 22 einer der jüngsten. Sein Werdegang widerspricht allen statistischen Wahrscheinlichkeiten und wissenschaftlichen Hypothesen über Bildungserfolge von Flüchtlingen.

Bakshis Geschichte beginnt als Waisenjunge in einem nordöstlichen Zipfel Afghanistans. In den Tälern blüht der

---

2 Dazu zählen etwa Teilzeit-Berufsschulen, Fachoberschulen oder Fachgymnasien und weitere Schulformen.

Mohn, schneebedeckte Berge verstellen den Horizont. Nur jede zehnte Frau kann hier lesen und schreiben, bei den Männern ist es jeder dritte.[3] Auch Bakshi besucht keine Schule, er hütet die Schafe und Ziegen von Verwandten und mistet Ställe aus, so erzählt er es. Vom Krieg erzählt er nichts. Als islamistische Terroristen in die New Yorker Zwillingstürme fliegen, ist Bakshi vier. Bald darauf löst der Krieg gegen Taliban und al-Qaida den afghanischen Bürgerkrieg ab, der auf den Stellvertreterkrieg zwischen Sowjetunion und USA gefolgt war. Niemand unter 40 in Afghanistan kennt heute Frieden.

Mit zehn oder elf Jahren macht Bakshi sich auf den Weg nach Teheran, ganz genau weiß er es nicht mehr. Die Hauptstadt des Iran liegt über 2500 Kilometer entfernt, doch irgendwann kommt er an. Er spült Geschirr, heuert als Gärtner an, als Maurer, als Aushilfe beim Elektriker. So lernt er Persisch, aber eine Schule darf er auch im Iran nicht besuchen. Afghanische Flüchtlinge haben kaum Rechte im Land, werden ausgebeutet und diskriminiert.[4] Mit 17 zieht Bakshi weiter: Er will nach Deutschland. Es ist Herbst 2014 und die Balkanroute ist noch offen, als er mit einem Freund, den er auf der Flucht kennengelernt hat, in Frankfurt ankommt. Sie nehmen irgendeinen Zug am Hauptbahnhof, steigen irgendwo um und in Saarbrücken aus. Bakshi kann kein Wort Deutsch, auch sein Englisch beschränkt sich auf das Wesentliche: »no passport«. Damit geht er zur Bundespolizei. Weil er minderjährig und ohne Familie eingereist ist, muss er nicht in ein Heim. Er bekommt einen Platz in einer Wohngruppe, seine Mitbewohner sind Deutsche. So ist er vom ersten Tag an gezwungen, Deutsch zu sprechen, wie er

---

3 https://archive.is/20140530110651/https://www.cimicweb.org/AfghanistanProvincial Map/Pages/Badakhshan.aspx (zuletzt abgerufen am 19.05.2020).

4 Tanha, Shoaib: »Sie nennen uns die schmutzigen Afghanen«, Deutsche Welle, 12.12.2017: https://www.dw.com/de/sie-nennen-uns-die-schmutzigen-afghanen/ a-41670496 (zuletzt abgerufen am 19.05.2020).

sagt. Und Bakshi kommt an die erste Schule seines Lebens, das Berufsbildungszentrum Sulzbach. Er lernt lesen und schreiben. Nach weniger als drei Jahren in Deutschland hält er das Zeugnis seines qualifizierenden Hauptschulabschlusses in den Händen. Heute, fünfeinhalb Jahre nach seiner Ankunft als funktionaler Analphabet, lernt er für seine Abschlussprüfung zum Klempner.

Wie haben er und das BBZ Sulzbach das hinbekommen? Bakshi sagt, es sei auch Glück gewesen: der Betreuer in seiner Wohngruppe, die deutschen Mitbewohner, das Praktikum zur richtigen Zeit am richtigen Ort, das direkt zum Ausbildungsvertrag geführt hat. In den letzten fünf Jahren habe er aber auch fast nichts anderes gemacht als zu lernen; so sei es eben gegangen. »Ich will mir endlich ein Leben aufbauen«, sagt er. Vokabeln oder Flächenberechnung zu üben kann sich wie Luxus anfühlen.

Wenn man nur genug lernt, klappt es also auch bei Analphabeten? So einfach ist es natürlich nicht. Bakshis Geschichte ist überhaupt nicht repräsentativ, weder für das BBZ Sulzbach noch für Deutschland. Er kam ein Jahr, bevor auch im Saarland das Chaos ausbrach, hatte in der Wohngruppe viel mehr Hilfe als andere in einer Massenunterkunft. Dennoch zeigt sein Beispiel die Potenziale auf, die gerade in der dualen Ausbildung für das Integrationsexperiment stecken, wenn der Schüler motiviert und die Schule innovativ ist. Im Sulzbacher Versuch ging die Initiative von Bakshi selbst aus. Schulleiter Josef Paul erzählt, dass es der junge Afghane gewesen sei, der im ersten Ausbildungsjahr vor ihm stand und sagte, er brauche mehr Hilfe mit der Sprache. Damals – die acht jungen Männer aus der SHK-12.3 waren im Schnitt seit etwa drei Jahren in Deutschland – verteilten sie sich noch auf die drei Klempnerklassen, saßen zwischen deutschen Haupt- und Realschulabsolventen und ein paar Abiturienten und sollten heute etwas über Taupunkttemperaturen und morgen etwas über Flüssiggaseffekte lernen. Das über-

forderte sie. Also bat Bakshi die Schulleitung um mehr Deutschstunden oder besser noch – eine Flüchtlingsklasse.

Das Saarland hat kein Geld, in fast jedem Gespräch hier
fällt das Wort »Nehmerland«. Staatliche Aufgaben, etwa in der
Sprachförderung, übernehmen noch häufiger als andernorts
die Caritas oder Diakonie. Vorbereitungsklassen sind gar nicht
vorgesehen. Üblich ist – neben Sprachförderstunden, in denen
auch Deutsche mit Lernschwierigkeiten sitzen können – ein
Kaltstart in der Regelklasse. Aber es ging am BBZ Sulzbach ja
nicht um eine Vorbereitungsklasse. Die Flüchtlinge hatten ihren
ersten Abschluss bereits geschafft. Sie wollten eine Art Schick-
salsgemeinschaft bilden, um die Herausforderungen, an denen
sie in ihren Klassen scheiterten, gemeinsam zu meistern. Mehr
Personal brauchte es dafür nicht. Die Schulleitung kam zum
Schluss: Vielleicht macht es Sinn. Josef Paul rief im Bildungsministerium an, um zu fragen, ob man das überhaupt dürfe, Flüchtlinge in einer Klasse zu versammeln. Er bekam grünes Licht.

Besser qualifiziert, schlechter zertifiziert

Besser qualifiziert, aber schlechter zertifiziert, das beschreibt
einen Teil der Flüchtlingsrealität an den Berufsschulen. In
praktischen Kenntnissen sind Bakshi, seine Klassenkameraden und andere, die als junge Erwachsene eingewandert sind,
deutschen Absolventen einer Realschule oder auch eines Gym-
nasiums oft überlegen. In der SHK-12.3 etwa haben manche
mit Anfang 20 schon viele Jahre Berufserfahrung vorzuweisen. Anders als an allgemeinbildenden Schulen liegt dieses Können an Orten wie dem BBZ Sulzbach nicht brach. In der Lehr-
werkstatt Steckdosen schneller zusammenzubauen als der Rest,
seine Stärken zu zeigen – das sind Erlebnisse, die inmitten vieler Momente, in denen man sich ungenügend fühlt, wichtig sein
können. Denn der Frust lauert an beruflichen Schulen genauso.

Dafür sorgen fehlende Mathematikkenntnisse ebenso wie die Fachbegriffe, die man als Klempner oder Metallbauer kennen muss und die auch Muttersprachler ins Schwitzen bringen können: Im Fach SHK sprach die 12.3 an diesem Tag unter anderem über Brennwerttechnik, Speicherladepumpen und Vorrangumschaltventile. Aber Fachwörter kann man lernen. Merkwürdige fachsprachliche Satzkonstruktionen, vor allem in Prüfungsaufgaben, tauchen hingegen in fast unendlicher Variation auf. Es macht Angst, wenn über »bestanden« oder »durchgefallen« ein falsch verstandenes Verb in einer Teilaufgabe entscheiden kann. Darauf vorzubereiten und die Angst zu nehmen, das erlaube die Flüchtlingsklasse, sagt etwa SHK-Lehrer Marcel Scherschel, der die 12.3 eine »Herzenssache« nennt: »Die konnten vor fünf Jahren kein Wort Deutsch und jetzt sind sie bald Gesellen, manche ziehen sogar die Prüfung vor. Das ist bewundernswert.«

Herr Scherschel, seine Kollegen und die Schulleitung am BBZ Sulzbach glauben: Die gesonderte Flüchtlingsklasse war zumindest in diesem Fall das Beste, was sie machen konnten. Die deutschen Schüler bräuchten meist einen stärkeren Fokus auf fachliche Theorie, die Flüchtlinge sprachlich einfachere Erklärungen. Und so driften die Bedürfnisse in gemischten Klassen, die auch am BBZ der Standard sind, regelmäßig auseinander. Oft gingen Flüchtlinge dabei unter, ohne dass man es mitbekäme, erzählen die Lehrer hier. In der SHK-12.3 können sie gezielter arbeiten, im Notfall helfen sich die Syrer auch mal auf Arabisch. Die Klasse sei fachlich relativ versiert, sagt Scherschel. Doch zu wissen, wie ein Vorrangumschaltventil funktioniert, reicht eben nicht. Man muss es auch schriftlich auf Deutsch erklären können, und das in derselben Zeit wie ein Muttersprachler. Schon an den Aufgabenstellungen der Prüfungen scheiterten selbst die Fittesten regelmäßig.

Die Zahlen steigen, aber die Probleme bleiben

Das lässt viele Betriebe zögern, Flüchtlinge auszubilden, wie aus Industrie und Handwerk gleichermaßen zu hören ist. Und tatsächlich findet nur jeder dritte geflüchtete Bewerber einen Ausbildungsplatz, während es sonst für jeden zweiten gilt.[5] Ein Lehrling, der am Ende vielleicht durch die Prüfung fällt, ist ein Risiko, das man sich leisten können muss. Dazu kommt: Der bürokratische Aufwand ist ungleich höher und schreckt gerade Fünf-Mann-Betriebe ab, wo der Chef auch die Verwaltung macht. Aber die Zahlen verbessern sich, was auch daran liegt, dass der Staat seit 2016 viele Programme für den Berufseinstieg von Flüchtlingen ins Leben gerufen hat. Schlossen im Jahr 2015 noch weniger als 2000 Flüchtlinge Ausbildungsverträge ab, waren es 2018 bereits über 21 000.[6] Im Handwerk etwa hat sich die Anzahl geflüchteter Lehrlinge zwischen 2017 und 2019 von 11 000 auf 23 800 mehr als verdoppelt, wie der Zentralverband des deutschen Handwerks mitteilt. In Industrie und Handel wiederum geht man derzeit von etwa 25 000 geflüchteten Azubis aus; 2019 bildete laut DIHK etwa jedes sechste Unternehmen Flüchtlinge aus, zwei Jahre zuvor war es nur etwa jedes vierzehnte gewesen.[7] Zur Erinnerung: Zwischen 2014 und 2016 stellten etwa 320 000 Menschen zwischen 18 und 25 einen Asylantrag. Eine sehr grobe Schätzung würde demnach lauten, dass etwa jeder siebte von ihnen aktuell in Ausbildung ist.[8]

---

5 Vgl. Bundesagentur für Arbeit: Blickpunkt Arbeitsmarkt – Situation am Ausbildungsmarkt, November 2019, S. 11.

6 Vgl. Bundesinstitut für Berufsbildung: Datenreport zum Berufsbildungsbericht 2020. Informationen und Analysen zur Entwicklung der beruflichen Bildung. Vorversion vom 06.05.2020, S. 167.

7 Vgl. DIHK: Ausbildung 2019. Ergebnisse einer DIHK-Online-Unternehmensbefragung, S. 10.

8 Da jeder vierte geflüchtete Bewerber um eine Ausbildungsstelle über 25 ist und man nicht weiß, wie viele der circa 320 000 Antragsteller sich noch im Land aufhalten, hält

Ein Problem: Etwa jeder dritte ausländische Azubi – aber auch jeder vierte deutsche – bricht seine Ausbildung vorzeitig ab.[9] Bei Flüchtlingen scheint dies vor allem daran zu liegen, dass sie in der Schule scheitern.[10] Die wenigen Förderstunden nach den ersten intensiven Maßnahmen (wie Sprachkurse zur Berufsvorbereitung durch das BAMF) reichen nicht, das ist an beruflichen Schulen nicht anders als an allgemeinbildenden. In Sulzbach zum Beispiel bekam die SHK-12.3 nur in den ersten beiden Ausbildungsjahren überhaupt DaZ-Unterricht.

In der Zwischenprüfung, erzählt eine der Deutschförderlehrerinnen, sei die Klasse »auf den Arsch gefallen«. Weil die Zeit in der Klausur gnadenlos fortschritt, während Nurullah Bakshi und seine Klassenkameraden in den Textungetümen nach Orientierung suchten. Und am Ende bildeten die Noten (wenn es gut lief, eine 3 oder 4) nicht das ab, was sie wussten und konnten. Sie hätten sich »tierisch aufgeregt«. Seit es die Flüchtlingsklasse gibt, seien die Noten aber nach und nach besser geworden, sagt Schulleiter Paul. Er geht davon aus, dass alle die Abschlussprüfung bestehen.

Warum also macht man Flüchtlingsklassen wie die SHK-12.3 nicht zur Regel? Die Antwort liegt auf der Hand, denn die Nachteile des Modells sind offensichtlich. Der einzige Muttersprachler im Klassenzimmer ist der Lehrer, was den informel-

---

diese Schätzung keinen empirischen Maßstäben stand und ist nur als grobe Orientierung zu verstehen.

9 Vgl. Bundesinstitut für Berufsbildung: Datenreport zum Berufsbildungsbericht 2020. Informationen und Analysen zur Entwicklung der beruflichen Bildung. Vorversion vom 06.05.2020, S. 147. Für Flüchtlinge liegen keine gesonderten Zahlen vor, die Abbruchquote von ausländischen Azubis ist in den vergangenen Jahren aber recht stabil geblieben.

10 Die Einschätzungen des Zentralverbands des deutschen Handwerks sowie des Netzwerks Unternehmen integrieren Flüchtlinge vom DIHK und deckten sich dabei. Probleme in der Berufsschule sind laut einer Umfrage des Netzwerks die am häufigsten genannte Herausforderung bei der Integration von Flüchtlingen in das Unternehmen: https://www.unternehmen-integrieren-fluechtlinge.de/allgemein/mitgliederbefragung-2019/ (zuletzt abgerufen am 20.05.2020).

len Spracherwerb hemmt und sich, so die wissenschaftliche Annahme, auch auf das Leistungsniveau auswirken kann.[11] Zudem erinnert die 12.3 an die Ausländerklassen für Gastarbeiterkinder: segregiert und ausgelagert.

Bloß fallen diese Nachteile in dieser Klasse weniger ins Gewicht. Denn die Schüler sind Lehrlinge, sprechen an mindestens drei Tagen die Woche Deutsch im Betrieb, besuchen Menschen zu Hause, wenn sie Heizungen reparieren und Abflüsse entstopfen, flachsen in der Mittagspause mit Kollegen. Auch ist diese kleine Gruppe sehr motiviert; alle haben den Gesellenbrief vor Augen, möchten endlich mehr verdienen als die etwa 700 Euro pro Monat im dritten Lehrjahr.

Die Mehrzahl der geflüchteten Schülerinnen und Schüler an Berufsschulen hat allerdings noch keinen Ausbildungsplatz. Sie arbeiten in den sogenannten Berufsvorbereitungs- oder Berufsgrundbildungsjahren auf einen Hauptschulabschluss hin, etwa 30 Prozent schaffen ihn am BBZ Sulzbach im ersten, weitere 30 Prozent im zweiten Versuch. Wie es danach weitergeht, wissen nur wenige.

Das weiß im Übrigen auch Bakshi nicht. Obwohl sein Betrieb ihn übernehmen will und er glaubt, die Prüfung trotz Zeitproblemen »locker« zu schaffen. Neulich bekam er einen Bescheid von der Ausländerbehörde Saarbrücken. Das Abschiebungsverbot sei aufgehoben, seine Aufenthaltserlaubnis werde daher nicht verlängert. »Die Sprache habe ich, die Ausbildung habe ich, ich kann den Unterschied zwischen Heizwert und Brennwert erklären. Bald zahle ich Steuern«, sagt Bakshi. »Ich bin nicht besonders integriert, aber ich kriege alles hin. Und jetzt soll ich wieder weg. Ich kapiere es nicht.« Es bringe nichts, sich Sorgen zu machen, meint er. Aber wenn er allein in seiner

---

11 Neben den Flüchtlingen ist auch ein Kind aus einer Aussiedlerfamilie in der Klasse, der zwar kein Muttersprachler ist, aber Deutsch bereits in der Grundschule gelernt hat.

Wohnung sitze, dann kämen die Gedanken: »Ich habe keine Eltern, ich habe keine Familie. Und vielleicht schicken sie mich bald nach Afghanistan. Das ist schwer.«

Eine »Aufenthaltserlaubnis für gut integrierte Jugendliche und Heranwachsende« (nach § 25a des Aufenthaltsgesetzes) komme für ihn nicht infrage, hieß es im Schreiben weiter – da er bereits 22 sei, man diese aber nur bis 21 beantragen könne. Bakshi könnte eine Ausbildungsduldung beantragen, dann dürfte er nach der Ausbildung noch zwei Jahre arbeiten, bevor über seinen Status entschieden wird. Aber das möchte er nicht, denn dann verlöre er die Jahre während der Ausbildung, die er für eine unbefristete Aufenthaltsgenehmigung angesammelt hat. Er fühlt sich um seine Anstrengungen, Teil der Gesellschaft zu werden, betrogen. »Am Anfang geben sie einem den Aufenthaltstitel. Aber dann schaut sich niemand an, ob ich Gutes tue oder Drogen verkaufe. Was hätte ich in fünf Jahren mehr erreichen können?«, fragt er. Ihm stehen sein Betrieb und die Schule zur Seite, er hat nun auch einen Anwalt. Meistens sei er optimistisch, sagt er. Von seinem ersten Gehalt nach der Ausbildung will er das erste Mal Urlaub machen, ein Wochenende, vielleicht in Trier oder Hamburg. Im Grunde, sagt er, kenne er Deutschland ja noch gar nicht.

Die rechtliche Unsicherheit belastet die Integration. Auf individueller Ebene, weil sie sich auf die Psyche und Motivation der geflüchteten Azubis auswirkt. Und gesamtgesellschaftlich: Bei einer Befragung gab jedes dritte Unternehmen an, die Unsicherheit in der Personalplanung wegen drohender Abschiebungen erschwere es, Flüchtlinge in das Unternehmen zu integrieren.[12] Zwar werden in der Realität nur wenige Menschen

---

12 Netzwerk Unternehmen integrieren Flüchtlinge: Mitgliederbefragung 2019: https://www.unternehmen-integrieren-fluechtlinge.de/allgemein/mitgliederbefragung-2019/ (zuletzt abgerufen am 20.05.2020).

tatsächlich nach Afghanistan abgeschoben, aber schon der Verlust des rechtlichen Status, wie er Nurullah Bakshi droht, macht es Betrieben schwer, sich auf geflüchtete Bewerber einzulassen. Geduldeten etwa kann die Arbeitserlaubnis verweigert werden.

Auch wenn man weit davon entfernt ist, den Fachkräftemangel in Deutschland aufzuhalten: In der Melange aus juristischer Wirrnis, älteren, oft schwach gebildeten Schülern und (zu) wenig Sprachförderung erscheinen die kontinuierlich steigenden Ausbildungszahlen positiv. Dass wieder mehr Ausbildungsplätze besetzt werden können als noch im Jahr 2015, ist auch den Flüchtlingen zu verdanken. In keiner anderen Gruppe wächst die Quote der Ausbildungsanfänger so stark wie in der der berüchtigten jungen Männer.[13]

13 Vgl. Bundesinstitut für Berufsbildung: Datenreport zum Berufsbildungsbericht 2020. Informationen und Analysen zur Entwicklung der beruflichen Bildung. Vorversion vom 06.05.2020, S. 167 f.

12 KÖNNEN DEUTSCHLANDS SCHULEN INTEGRATION?

Was gut läuft. Und was sich ändern muss

Im Anfang war das Chaos: Die Flüchtlinge erreichten die Schulen und die Schulen improvisierten. Doch was passierte dann? So könnte man den Ausgangspunkt meiner Recherche beschreiben.

Ja, was passierte dann?

Die Antwort allein in abgesicherten Fakten zu suchen, stellte sich als unmöglich heraus. In den Schulen, die durch die Flüchtlingskrise zu Integrationslaboren geworden waren, führte niemand Protokoll darüber, unter welchen Bedingungen Versuche gelangen und unter welchen sie scheiterten. Es klingt schwer vorstellbar, aber kein Bildungsministerium in Deutschland kann heute verlässliche oder gar überprüfbare Aussagen darüber machen, ob das, was man tat und tut, richtig ist. Versprechen Vorbereitungsklassen, ein direkter Start unter Muttersprachlern oder eine Mischform langfristig den größten Erfolg? Keiner weiß es. Wie häufig gelingt Flüchtlingskindern der Sprung von den Grundschulen aufs Gymnasium? Völlig unklar. Wie viele Lehrerinnen und Lehrer wurden mittlerweile dafür qualifiziert, Nichtmuttersprachler vernünftig zu unterrichten? Hat niemand gezählt.

Eines der wichtigsten gesellschaftlichen Themen der Gegenwart wird laxer verwaltet als manche Kaffeekasse.

Das ist einerseits erstaunlich, denn insbesondere seit dem PISA-Debakel nimmt Deutschland seine Schulen strenger unter die Lupe. Man weiß heute viel mehr darüber, was Schülerinnen und Schüler können und nicht können und womit das zusammenhängt, als noch vor 20 Jahren. Andererseits scheint es nur konsequent für einen Staat, der jahrzehntelang die Realität ignorierte und sich nicht als Einwanderungsland verstand, obwohl in den Schulen Giorgos neben Georg saß und Aydan neben Anja. Die Herausforderungen, die sich daraus für das Bildungssystem ergaben, ignorierte man gleich mit.

Das flächendeckende statistische Unwissen wäre weniger gravierend, wenn man ansonsten den Eindruck hätte, die Länder stellten nach den schlechten Erfahrungen der Vergangenheit wenigstens jetzt bei den Flüchtlingen sicher, dass das Integrationsexperiment glückt. Aber vieles geht man noch immer mindestens nachlässig, eher fahrlässig an.

Es beginnt bei der Schulpflicht, die nur selten zügig greift, obwohl das Recht auf Bildung unabhängig davon gilt, was im Pass steht. Im Schnitt vergehen sieben Monate zwischen Einreise und erstem Schultag. Bei Kindern, die in ihren Heimatländern bereits Monate oder sogar Jahre nicht zur Schule gingen, eine beinahe unverzeihliche Behäbigkeit. Oft liegt es daran, dass ein Kind mit seiner Familie erst einer Kommune zugewiesen werden muss, ehe es einen Schulplatz bekommt; so sehen es viele föderale Schulgesetze vor. Dafür können die Schulbehörden freilich nichts. Aber wie leicht das Problem zu lösen wäre, beweisen etwa Schleswig-Holstein oder Hamburg. Dort werden Kinder, solange sie keinen Schulplatz haben, in Erstaufnahmelagern unterrichtet. Die Schulpflicht ab Tag eins ist allerdings auch gesetzlich verankert.

Es geht damit weiter, wie willkürlich Flüchtlinge auf die Schulen verteilt werden. Bis heute hat kein Bundesland ein nachvollziehbares Verfahren entwickelt, das die Vorkenntnisse und Begabungen geflüchteter Schülerinnen bei der Entscheidung über die richtige Schule berücksichtigte. Eine Sorge der

Bundesländer gegenüber Leistungsüberprüfungen ist angeblich, die Flüchtlinge womöglich zu früh in Schubladen zu stecken. Das klingt in etwa so plausibel wie die Idee, Wissenschaft abzulehnen, weil deren Erkenntnisse auch missbraucht werden könnten; zumal eine uninformierte Entscheidung ja ebenfalls selektiert, nur eben ins Blaue hinein. Wer Kinder und Jugendliche individuell fördern will – und das ist das erklärte Ziel der Bildungsnation – sollte wissen, wo ihre Stärken und Schwächen liegen. Die Programme, um das herauszufinden, gibt es längst. Man nutzt sie nur selten und verteilt die geflüchteten Jugendlichen in Unkenntnis oder Missachtung ihrer Fähigkeiten dorthin, wo gerade ein Platz frei ist. Das erscheint nicht nur unfair für den Einzelnen, sondern auch folgenschwer für jene Lernorte, von denen zu Beginn vieles abhängt: die Vorbereitungsklassen. In ihnen klafften die Lernniveaus mangels gezielter Zuweisung noch weiter auseinander als nötig. Zudem scheint man Flüchtlinge insbesonders an jene Schulen geschickt zu haben, die ohnehin stärker um den Erfolg ihrer Schülerinnen kämpfen müssen, weil diese zu Hause kein Deutsch sprechen, aus sozioökonomisch benachteiligten Familien kommen oder anderweitige Lernnachteile mitbringen. Dort habe man die Erfahrung, heißt es aus den Ministerien. Dabei weiß man seit PISA: Konzentrieren sich zu viele dieser Schüler in einer Klasse, lernen alle weniger.

Und im Unterricht? Dort ist die Sprache die mit Abstand höchste Hürde. Ihre Vermittlung wird überwiegend in Vorbereitungsklassen oder Fördergruppen ausgelagert, für ein oder zwei Jahre, danach muss es eben laufen. Nur die Hälfte der geflüchteten Grundschülerinnen bekommt überhaupt Sprachförderung. Viele andere, egal auf welcher Schulform, kommen bestenfalls in den Genuss von ein, zwei Stunden die Woche. Es ist nicht so, als bekämen Schulen, die Flüchtlinge unterrichten, kein zusätzliches Geld. Nur läuft es so wie fast immer in

Deutschland, wenn es um Chancengleichheit geht: Die Ausgaben stehen in keinem Verhältnis zu den Aufgaben und niemand prüft, ob die Euros sinnvoll eingesetzt werden. Eine Schule, an der die DaZ-Stunden nach dem Wechsel in die Regelklasse ausreichen, um die Rückstände in Fach- und Bildungssprache auch nur ansatzweise aufzuholen, ist mir nicht begegnet. Kaum ein Versäumnis dürfte sich später so rächen wie dieses. Zu stark ziehen Sprachdefizite die schulischen Leistungen runter, und zwar in allen Fächern. Jede Bildungspolitikerin in Deutschland weiß das seit Jahrzehnten. Trotzdem hat man es bis heute nicht geschafft, darauf adäquat zu reagieren. Migrantenkinder holen ihre sprachlichen Rückstände nicht etwa mit jedem zusätzlichen Schuljahr stetig auf, sondern die Rückstände vergrößern sich noch. Insbesondere Kinder aus ärmeren und bildungsfernen Familien sind davon betroffen. Also genau jene Schülerklientel, zu der Flüchtlinge überproportional häufig zählen. In diesem Wissen bei der Sprachförderung zu sparen, erscheint fatal.

Alles vergeigt? Das wäre eine grobe Verzerrung

Zugegeben: Missstände beklagen ist einfach. Den Schulalltag so zu organisieren, dass die Flüchtlinge während ihrer Deutschförderung keinen Fachunterricht verpassen, hingegen schwierig. Auch können sich Bildungsministerien DaZ-Lehrer nicht schnitzen. Weil viele Schulen bis heute ohne sie klarkommen müssen, genügen die Sprachförderstunden nicht immer den fachlichen Ansprüchen. Dafür, die Neuankömmlinge im Regelunterricht quasi en passant sprachlich zu fördern, fühlt sich kaum eine Lehrkraft gewappnet. Das Integrationsexperiment wäre die perfekte Gelegenheit gewesen, die Lehrerzimmer der Republik in einer überfälligen, konzertierten Fortbildungsoffensive nach bindenden Standards für die Einwanderungsgesellschaft fit zu machen. Man hat sie verstreichen lassen.

Also alles vergeigt?

Das wäre eine grobe Verzerrung. Eher könnte man sagen: Dafür, wie schlecht die Labore ausgestattet sind, funktionieren die Experimente vielerorts erstaunlich gut. Im ganzen Land haben die Schulen sich zurechtgeruckelt, viele Lehrerkollegien arbeiten engagiert und kompetent. Längst haben Tausende Flüchtlinge unter widrigen Bedingungen – wenig Vorbildung, wenig Förderung, wenig Halt – Abschlüsse erreicht, wenn auch meist den niedrigsten. Fast jede Schule berichtet von Einzelnen, die alle Erwartungen übertroffen haben, von Einserabsolventinnen oder Klassensprechern. Von ihnen auf die Allgemeinheit zu schließen wäre indes ebenso falsch wie bei den Fällen, bei denen gar nichts ging, die nur selten in die Schule kamen oder dort Stress machten. Es sind diese beiden Gruppen, die die größte Aufmerksamkeit bekommen. In den Medien, aber auch unter Lehrern. Dass es starke Ränder und eine schwache Mitte gebe, ist eine der Annahmen, die in der Öffentlichkeit kursieren. Sie scheint eher eine Fehlwahrnehmung zu sein: Abiturienten sind (noch) sehr rar, Schulabbrecher oder Förderschülerinnen bilden aber ebenfalls nur eine vergleichsweise kleine Gruppe. Auch geben 95 Prozent aller Schulleitungen an, die Integration der Flüchtlinge laufe insgesamt gut. Aber: Solange man nicht genauer weiß, welche Abschlüsse sie erreichen, sagt dieser Eindruck wenig aus. Die ersten Zahlen aus Hessen zeigen immerhin, dass die allermeisten derjenigen, die als Jugendliche eingereist sind, einen Abschluss schaffen. Ein Lichtblick im Nebel.

Dass es vielerorts zumindest einigermaßen läuft, hat zweifellos auch mit der freien Hand zu tun, die man den Schulen beim Experimentieren gelassen hat. Eine gewisse Autonomie ist richtig, um ein Konzept zu entwickeln, das zur Schule passt. Aber *anything goes* sicher nicht. Dafür ist eine gelungene Integration der Flüchtlinge für Deutschland viel zu wichtig, die Aufgabe viel zu groß. Vor allem aber schuldet man es den geflüchteten Kindern und Jugendlichen.

Was also ist zu tun? Klar scheint: Ein Passepartout-Modell, ein Königsweg, lässt sich angesichts der unterschiedlichen Gegebenheiten im Schulalltag nicht identifizieren. Den Schulen in der Integrationsgesellschaft einen Rahmen zu bieten, scheint dennoch unerlässlich. Um ihn ernsthaft zu entwickeln, müsste man das Wissen über die schulische Integration von Flüchtlingen endlich systematisch sammeln. Etwa durch eine Expertenkommission »Integration« der Kultusministerkonferenz. Sie müsste empirische Gewissheiten darüber schaffen, was in Deutschland funktioniert und was nicht, wenn Nichtmuttersprachler in die Schulen kommen. Und darüber, was man alles besser machen könnte.

Denn es gibt irre viel zu tun. Obwohl sich die Bildungsausgaben in den vergangenen 20 Jahren fast verdoppelt haben, kann auch heute jeder fünfte 15-Jährige in Deutschland nicht richtig schreiben und rechnen; gerade Schülerinnen und Schüler, die nicht in Deutschland geboren wurden, hängen viele Schuljahre hinterher. Lange schon ist erwiesen, wie eng soziale Faktoren mit Leistungen zusammenhängen und warum gerade Kinder aus Migrantenfamilien deshalb im Schnitt schlechter abschneiden. Doch wie man diese Nachteile in der Unterrichtspraxis möglichst effektiv ausgleicht, ist bis heute nicht geklärt.

Integrationsstandards, die für alle gelten

Hans Anand Pant weiß als ehemaliger Leiter des Instituts zur Qualitätsentwicklung im Bildungswesen, wie aus Wissenschaft Politik wird. Das Institut an der HU Berlin wurde nach dem PISA-Debakel von der Kultusministerkonferenz gegründet und koordiniert und überprüft seitdem die Bildungsstandards. Sie gelten in allen Bundesländern und legen fest, welche Kompetenzen an den Schulen vermittelt werden sollen. »So etwas könnte man auch für den Umgang mit Vielfalt tun«, sagt Pant. Integrationsstandards, gewissermaßen, als Antwort auf Versuch-und-Irrtum im Klassenzimmer. Sie könnten festlegen, mit welchen Tests der Sprachstand vor und während der Schullaufbahn erhoben und welcher Wortschatz in den Vorbereitungsklassen vermittelt wird, wie man den Übergang in die Regelklasse gestaltet, wie viele Förderstunden für Fach- und Bildungssprache einer Dritt- oder Siebt- oder Neuntklässlerin zustehen; auch zu Kriterien verpflichtender Lehrerfortbildungen könnte man sich bekennen. Und es müssten Routinen entwickelt werden, mit denen man prüft, ob die Schulen ihre Aufgaben erledigen.

Die Zeitspannen, in denen Wissenschaftler normalerweise arbeiten, passen nicht zur Dringlichkeit, in der ihre Expertise in diesem Fall gebraucht würde (vorgestern). Ein Gegenargument aber ist das nicht, denn von einem Ende der Migration ist weder etwas bekannt noch könnte das überalterte Deutschland es sich leisten, auf Einwanderung zu verzichten. Immerhin hat die KMK Ende 2019, vier Jahre nach der Ankunft der Flüchtlinge, die »Entwicklung länderübergreifender Standards als Referenzrahmen für die sprachliche Bildung« als »wünschenswert« bezeichnet.[1] Bis es sie gibt, müssen Schulen vor allem von anderen Schulen lernen.

An der Chemnitzer Oberschule etwa sieht man, dass sprachliche Bildung keine Aufgabe ist, die sich allein in Vorbereitungsklassen oder auch nur außerhalb des Regelunterrichts bewältigen ließe. Sie muss zur Identität des Kollegiums werden, die alle, egal ob sie Biologie oder Kunst unterrichten, verinnerlicht

---

1 Kultusministerkonferenz: Bildungssprachliche Kompetenzen in der deutschen Sprache stärken. Beschluss der Kultusministerkonferenz vom 05.12.2019 S. 11.

haben. Man sieht auch, dass viel eher Raum für diese Arbeit bleibt, wenn im Klassenzimmer nicht bloß eine Lehrerin steht, die alles gleichzeitig machen muss, sondern ein Team, am besten mit unterschiedlichen Kompetenzen.

Weil aktuell weder die Ressourcen noch die durchschnittlichen Qualifikationen im Lehrerzimmer für die durchgängige sprachliche Bildung reichen, müsste wenigstens die Förderung außerhalb der Fachstunden funktionieren. Etwa im Ganztag. Bildung am Nachmittag war eines der wichtigsten Instrumente, mit dem die Bildungsministerien Chancengleichheit herstellen wollten und die man seit dem PISA-Debakel massiv ausgebaut hat. Bloß lief es dabei, wie so häufig, unkoordiniert und ohne jegliche Qualitätskontrollen ab. Was die Schulen nachmittags anbieten, entscheiden sie selbst. Lehrerinnen und Lehrer haben kaum etwas damit zu tun. Es wird betreut, nicht gefördert. Dabei würden gerade Flüchtlinge von gezielter Unterstützung profitieren: Weil ihnen Hausaufgabenformate womöglich unbekannt sind oder die Sprach-App ein Fachwort nicht kennt, sie Stoff nachholen müssen und zu Hause nur wenig Unterstützung bekommen, weil die Eltern schlecht Deutsch sprechen oder sie in einer Sammelunterkunft keinen Schreibtisch haben. Deutschsprachige Hilfe am Nachmittag war für Munira Qaderi in Stuttgart und auch für Nurullah Bakshi in seiner Wohngruppe in Saarbrücken mitentscheidend auf dem Weg zu ihren Abschlüssen. Die KMK wiederum formuliert blumig: Der Ganztag biete für die sprachliche Bildung »zusätzliche Potenziale«. Es ist unter anderem diese Unverbindlichkeit, die das Experiment am stärksten gefährdet. Auf sie könnten Integrationsstandards eine Antwort sein.

Ein zweiter, überfälliger Schritt wäre es, die Finanzierung an den Bedürfnissen der Schulen auszurichten. Kurz: mehr Geld für die Armen. Die beiden Mechanismen funktionieren nur gemeinsam. Hohe Standards für alle einzufordern, also auch für die wachsende Gruppe benachteiligter Kinder, kostet viel Geld. Aber viel Geld richtet nichts aus, ohne es an Standards zu binden. Brennpunktschulen durch viele Lehrer, kleine Klassen und gute Ganztagsangebote attraktiv zu machen, würde womöglich auch wieder biodeutsche Eltern anlocken und so auch dem Problem der Segregation entgegenwirken.

Eine sofort greifende Schulpflicht. Eine gerechtere Verteilung. Verbindliche Sprachförderung, vielleicht ja sogar mit einem Konzept. Qualitätsstandards für die schulische Integration. Und mehr Geld für die, die sie leisten: Das klingt weder innovativ noch inspirierend, das klingt nach dem Schwarzbrot der Bildungsnation. Dem Pflichtprogramm. Allein, man kommt ihm nicht nach.

Auch deshalb wird über die Kür in Deutschlands Schulen nur selten gesprochen: Die *gute* Bildung in der Einwanderungsgesellschaft, die anspruchsvoll wäre und gerecht, es gibt sie schlicht nicht, überhaupt bleibt sie schwer fassbar. In jedem Fall müsste sie darauf beruhen, in der großen Vielfalt in den Klassenzimmern kein Problem zu sehen, sondern einen möglichen Gewinn. Sie müsste Migration als jahrhundertealte Normalität erkennen, nicht als lästigen Sonderfall, obwohl sie von allen viel verlangt. Und sie müsste nach den Schwächen auch die Stärken vieler Flüchtlinge in den Blick nehmen, die häufig mehr Sprachen beherrschen als ein durchschnittlicher Gymnasiast (etwa Dari, Paschtu, Englisch und Deutsch) oder praktisch versierter sind als ihre Mitschüler, weil sie bereits gearbeitet haben.

Leitbilder kann man politisch schwer vorgeben, sie müssten sich in den Schulen selbst entwickeln. Doch damit das passiert, braucht es im Alltag positive Erfahrungen statt ausdauernden Frusts. Dafür wiederum kann vor allem die Politik sorgen.

Es ist Zeit, das Labor aufzuräumen und endlich festzulegen, wo man hinwill. Und wie man dort ankommt.

EPILOG

Die Schule und das Virus

Als die Idee zu diesem Buch entstand, kannte niemand COVID-19, das Virus, mit dem sich einige Monate später viele Millionen Menschen infizierten und an dem Hunderttausende verstarben. Es wird die kollektive Erinnerung an das Jahr 2020 prägen: die täglich aktualisierten Kurvendiagramme, der Geruch von Desinfektionsmittel, die Masken vorm Gesicht. Die geschlossenen Geschäfte, Grenzen, Schulen.

Erstmals in der Geschichte der Bundesrepublik mussten Millionen Kinder und Jugendliche plötzlich ohne Lehrer lernen. Auch ohne Klassenkameradinnen, Tafel oder Whiteboard, ohne Melden und Quatsch in der letzten Reihe. Aber eben vor allem ohne ihre Lehrerinnen, die über die Schulter schauen, Feinheiten erklären, loben. Sie kopierten stattdessen Arbeitsblätter, luden Material auf Plattformen hoch, manche richteten Instagram- und Snapchat-Accounts ein, um mit ihren Klassen zu kommunizieren, oder erteilten Unterricht per Videochat.

Es startete, wenn man so will, das Digitalisierungsexperiment. Denn wie bei der Integration sahen sich die Schulen mit einem Thema konfrontiert, das man politisch jahrelang verschlafen hatte und für das man nun, unter Hochdruck, Lösungen brauchte.[1] Natürlich waren die nun erzwungenen Innova-

---

1 In Deutschland nutzten 2018 nur vier Prozent der Schüler täglich, 23 Prozent wöchentlich digitale Medien in der Schule; innerhalb der EU waren es 20 Prozent täglich und 45 Prozent wöchentlich. – Vgl. Eickelmann, Birgit et al. (Hrsg.) (2019): ICILS 2018 #Deutschland. Computer- und informationsbezogene Kompetenzen von Schülerin-

tionen auch von der Sorge begleitet, zu manchen Schülern den Kontakt zu verlieren. Weil sie vielleicht keinen eigenen Computer haben oder kein Internet zu Hause. Oder weil die Eltern nicht den Aushilfspädagogen im Kinderzimmer geben, sondern systemrelevant an der Supermarktkasse sitzen, Senioren in Pflegeheimen durch die Isolation helfen oder schlicht kein Deutsch sprechen. Man muss vermuten, dass die bestehende soziale Ungleichheit im deutschen Bildungssystem durch die Schulschließungen noch verschärft wurde. Etwa zwei von drei Eltern mit wenig Einkommen oder Bildung fürchteten laut einer Umfrage, dass ihre Kinder in der Schule den Anschluss verlieren würden. Fast die Hälfte fühlte sich nicht in der Lage, ihre Kinder mit dem Schulstoff zu unterstützen.[2]

In den USA ist der sogenannte Ferieneffekt gut belegt: Kinder aus bildungsnahen Familien lernen auch während der Sommerferien etwas, während Kinder aus benachteiligten Familien wissensmäßig stagnieren oder sogar Gelerntes einbüßen. Für Deutschland ließen sich die Befunde zwar nicht replizieren,[3] aber dass während der »Coronaferien«, die ja gar keine Ferien waren, Kinder mit mehr Unterstützung – vor allem durch die Eltern – im Schnitt weniger Probleme mit dem Schulstoff haben würden, erscheint naheliegend.

Das Virus verhinderte auch einige für dieses Buch geplante Schulbesuche. Telefonisch aber hörte ich von genau diesen Fällen: Dass Schüler, die vom persönlichen Kontakt mit den Lehrerinnen besonders profitieren, wie etwa Flüchtlinge, nun schwer zu erreichen seien. Und von der Sorge, gerade Wackelkandida-

---

nen und Schülern im zweiten internationalen Vergleich und Kompetenzen im Bereich Computational Thinking, S. 19.

2   Vgl. Vodafone Stiftung (2020): Unter Druck. Die Situation von Eltern und ihren schulpflichtigen Kindern während der Schulschließungen, S. 2 ff.

3   Vgl. Coelen, Hendrik / Siewert, Jörg (2008): Der Ferieneffekt – auch in Deutschland schichtspezifisch? In: Ramseger, Jörg / Wagener, Matthea (Hrsg.): Chancenungleichheit in der Grundschule. Ursachen und Wege aus der Krise, S. 87–90.

ten aus eingewanderten Familien könnten wegen der verpassten Zeit Versetzungen nicht schaffen oder durch Prüfungen fallen.

Es erscheint mir pietätlos, eine Pandemie zur Chance umzudeuten. Aber zumindest positive Nebeneffekte könnte diese Krise entfalten, auch in Sachen Bildungsgerechtigkeit. Die durch das Virus erzwungene Digitalisierung birgt bislang weitgehend ungenutzte Möglichkeiten, im Unterricht auf die vielen unterschiedlichen Bedürfnisse einzugehen, etwa bei Aufgabenstellungen auf unterschiedlichsten Anforderungs- und Sprachniveaus. Man könnte sie dafür nutzen, Stärken und Schwächen von Schülerinnen besser einzuschätzen und gezielt darauf einzugehen, bei Flüchtlingen etwa durch intelligente DaZ-Programme, die den Sprachstand erkennen und die Lektionen individuell anpassen. Und Schule könnte, wenn sie per App auf dem Smartphone oder Tablet präsent wäre, Teil der natürlichen Lebenswelt von Kindern und Jugendlichen werden. Klar: Dafür müssten die Schulen ganz anders ausgestattet, die Kollegien über den Corona-Crashkurs hinaus fit gemacht werden. Man kann nur hoffen, dass im Digitalisierungsexperiment weniger verschleppt wird als bei der Integration. Und dass die beiden Themen zusammen gedacht werden und am Ende nicht nur jene von der digitalen Schule profitieren, die zu Hause die beste Ausstattung haben.

Ein anderer Kollateralnutzen der Corona-Krise: Dass Deutschland gemerkt hat, was für ein wichtiger Ort Schule ist. Weil sie, plötzlich geschlossen, irre fehlte – Material-Upload in der Lern-Cloud hin oder her. Weil Eltern verstanden, was Lehrerinnen alles leisten, als sie es plötzlich selbst machen sollten. Weil Schüler realisierten, wie schön es ist, ein Klassenzimmer und Klassenkameradinnen zu haben; meist vermisst man etwas ja erst, wenn es fehlt.

Vielleicht ist Schule der wichtigste Ort einer Gesellschaft überhaupt. Auf jeden Fall sollte man sie als solchen behandeln.

© Duden 2020   D C B A
Bibliographisches Institut GmbH, Mecklenburgische Straße 53, 14197 Berlin

Redaktion Juliane von Laffert
Herstellung Alfred Trinnes
Layout Schimmelpenninck.Gestaltung, Berlin
Satz L101 Mediengestaltung, Fürstenwalde
Umschlaggestaltung 2issue, München
Umschlagabbildung maskot/Shutterstock.com; picture alliance/APA/picturedesk.com
Druck und Bindung Livonia Print, SIA, Riga
Printed in Latvia

ISBN 978-3-411-75490-8
Auch als E-Book erhältlich unter: ISBN 978-3-411-91320-6
www.duden.de